RALF ZACHERL

ZACHERL macht Feierabend!

AFTER-WORK-REZEPTE
SCHNELL, EINFACH, FRISCH

RALF ZACHERL

ZACHERL macht Feierabend!

AFTER-WORK-REZEPTE
SCHNELL, EINFACH, FRISCH

FOTOGRAFIE: NICKY WALSH
FOODSTYLING: ANKE RABELER (Peopleaufnahmen)
und MAX FABER (alle anderen)
VISAGISTIN: JANETTE SCHWERICKE

Quick 'n' easy!

Endlich macht Kochen so richtig Spass!

Hammer!

Mhhh!

VORWORT

Wieso noch ein Kochbuch, wo der Markt schon so voll ist? Ich habe viele Jahre recht glücklich »kochbuchfrei« gelebt, bis mir diese Buchidee vorgestellt wurde. Ein »geplanter« Feierabend, das schafft man doch meistens. Normalerweise weiß ich, wenn ich morgens das Haus verlasse, wie mein Arbeitstag wird, was alles so ansteht und entsprechend plane ich dann das Essen am Abend.

Als Wahl-Berliner bin ich übrigens kein Currywurstfan. Ich lebe seit vielen Jahren zu zwei Dritteln vegetarisch und habe das für mich auch als gute Lebensform entdeckt. Das restliche Drittel verteilt sich auf überwiegend Fisch, dann Fleisch.

Seit über 15 Jahren verarbeite ich keinen Thunfisch und esse ihn natürlich auch nicht mehr. Ebenso keinen Schwertfisch & Co., denn diese Tiere sterben aus. Ich lasse sie lieber im Meer als auf dem Teller. In meinem Leben gibt es außerdem keine Zuckeraustauschstoffe. Wenn der Körper »süß« schmeckt, soll er auch Zucker bekommen und keine synthetischen Ersatzstoffe – sonst gaukelt man dem Körper etwas vor, das gar nicht da ist.

Weil dieses Buch eine »Herzenssache« ist, verrate ich euch hier meine Top 3 Lebensmittel, die ich immer zu Hause habe: Ingwer, Knoblauch und Zwiebel. Bei guter Lagerung halten diese Produkte einige Wochen, sind extrem gesund und – meiner Meinung nach – auch total lecker.

Vielleicht habt ihr auch schon oft von den Köchen gehört: Salzen, noch mehr Salz? Davon bin ich zum Beispiel gar kein Fan. Ich bin ein großer Freund von einem Charakteressen, also gut gewürzt (Schärfe-Säure-Kräuter) – Salz kommt in meiner Küche nur in kleinen Mengen vor. Zum guten Schluss: Plant den Feierabend ein wenig und der Rest geht mit diesem Buch hoffentlich ganz einfach.

Viel Spass wünscht euer

WIE GEHT EIGENTLICH GESUNDE Feierabendküche?

Bevor ich voreilig unterwegs ein »Take away«-Gericht aus der Kategorie »Fastfood« mit nach Hause bringe, überlege ich mir, was alles im Kühlschrank ist, um doch noch selber Hand anzulegen und gesünder zu leben.

Ich habe Fastfood nun seit weit über 15 Jahren aus meinem Leben verbannt, denn zugegeben: Auch ich habe in meinen größten Stresszeiten oft irgendwo angehalten, um mir fertige Gerichte mitzunehmen. Es gehört zu meiner Lebensphilosophie, dass ich mehr Gemüse und Salate esse als Fleisch. Wenn man sich an eine bunte Gemüseküche herantraut, schenkt man sich selbst dadurch sehr viel. Beim selbst Kochen wisst ihr natürlich auch, was alles im Gericht drin ist – ihr habt es selbst in der Hand. Lebensmittel, so sagt es das Wort schon, sind Mittel zum Leben und da will man sich doch wirklich nichts Minderwertiges reinstopfen.

WAS IST EIGENTLICH GESUND?

Trotzdam hat wahrscheinlich unter der Woche niemand Lust auf Slow Cooking – feierabends soll es schnell gehen. Aber zum Wohlfühlen gehören noch ein paar mehr Komponenten. Letzten Endes soll uns unser Essen ja mit allen Nährstoffen versorgen, die wir so brauchen. Beim Thema »gesund« spielt deshalb eine Sache die Hauptrolle: Ausgewogenheit. Um gesund zu bleiben, brauchen wir einfach die volle Vielfalt auf dem Teller: Frische Lebensmittel, viel Gemüse und Ballaststoffe sowie gute Proteine sind der Schlüssel zum gesunden Feierabend-Genuss. Gerade in Sachen Gemüse können wir uns gut am saisonalen und regionalen Angebot orientieren, dann ist Abwechslung im Einkaufskorb garantiert. Und wer sich abwechslungsreich ernährt, ist fast automatisch rundum gut versorgt.

BITTE BLOSS KEIN STRESS

Die Dosis macht das Gift. Oder besser: Die Ausgewogenheit wird es bringen. Gemüse, Salate, natürliche Lebensmittel mit einem Füllhorn an Ballaststoffen aber auch gute Proteine und gesunde Fette. Ich möchte hier helfen, dass gesunde ausgewogene Feierabendküche keinen zusätzlichen Stress macht, denn auf den habe ich auch keine Lust und letztlich ist der ja auch total ungesund. Denkt immer daran: In den allermeisten Fertiggerichten sind Salz und

Auch frisches Gemüse kann absoulut feierabendtauglich sein – vor allem, wenn es schnell gart wie Paprika oder Staudensellerie.

Zucker. Und davon wollen wir ja weniger zu uns nehmen. TK-Spinat oder auch eine TK-Gemüsemischung, dagegen ist nichts zu sagen, zumal wenn ihr Single seid und euch bei drei Gemüsesorten die Hälfte schlecht würde. Ich persönlich mag es allerdings am liebsten frisch und habe hier in Berlin natürlich eine riesige Auswahl – ob es der »Türke« nebenan ist, bei dem ich Gemüse, Knoblauch & Co. kaufe, der Wochenmarkt, wo ich die Bio-Bauern kenne, oder auch schlicht der gut sortierte Supermarkt. Ich stelle mir mein Essen oft sehr individuell zusammen und plane einfach gut.

WARM ODER KALT? HAUPTSACHE LECKER!

Da ich ein Spätfrühstücker bin, esse ich mein Abendessen am liebsten warm. Aber das ist bei allen anders und viele Menschen mögen abends eher »kalt« essen, weil sie es so gewohnt sind oder es ihnen auch so besser bekommt. Essen und auch die Zubereitung sollen Spaß machen – und das Schwierigste ist sowieso, eine gute Idee für den Feierabend zu haben. Planlos wird das auch bei mir nichts. Eintöpfe esse auch ich meistens zwei oder mehr Tage. Das ist extrem praktisch und gut für den »faulen Koch«.

Mein Relax-Tipp

Um 18 Uhr in der Kassenschlange im Supermarkt zu stehen gehört auch eher zu den unnötigen Dingen im Leben, oder? Was ein Glück, wenn der Einkauf schon am Wochenende erledigt wurde! Ein gut bestückter Vorrat ist für mich echt Entspannung pur.

IMMER SCHÖN GEMÜTLICH!

Der eine macht sich eine Kerze an, der nächste lässt Musik laufen – ich persönlich lege mein Handy ganz weit weg. Feierabend ist bei mir Anti-Handy-Zeit. Ich lese lieber später ein Buch, ordne im Haushalt oder entspanne auf der Terrasse oder in der Sauna. »Anti-Stress-Rituale« geben uns unter anderem auch den Willen, eine Abendroutine umzusetzen, nämlich dem Körper etwas Gutes zu tun, etwa durch ausgewogenes Essen. Auch wenn's nicht zum Kochen gehört, ist mein Tipp: Weniger ans Handy, dafür sich mehr ums eigene Wohl kümmern.

… und ab aufs Sofa!

KOCHEN UND BERUFSALLTAG – wie geht das zusammen?

Gut ist, wenn man gut geplant und entsprechend eingekauft hat. Mittlerweile liefert uns ja auch der Supermarkt alles nach Hause – das ist allerdings nichts für mich, weil ich Lebensmittel sehen und anfassen will und sie am liebsten selber aussuche. Das macht am besten einfach, wie es für euch gut passt. Nur: Überlegt vorher, was es am Abend geben soll und ob alles dafür parat ist. Oder noch besser: ein Wochenplan.

WOCHENPLAN UND WOCHENEINKAUF

Einmal durchgeplant geht es dann an den Einkaufszettel. Hier gut abgleichen: Was ist noch im Vorrat, was sollten wir dringend noch verbrauchen und was muss wirklich frisch besorgt werden. So hat man immer den Überblick über den Vorratsschrank und muss nichts wegwerfen. Mit diesem Zettel bewaffnet geht es dann zu Wochenmarkt, Supermarkt und Co. und der Wocheneinkauf wird erledigt. Ein super Gefühl, wenn man hier schonmal einen Haken dranmachen kann und nicht noch unter der Woche in den vollen Supermarkt hetzen muss.

VORKOCHEN …

Viele Gerichte in diesem Buch könnt ihr super vorkochen und dann einfach zwei, drei Tage später essen. Das ist nicht nur praktisch, sondern auch ziemlich lecker: Manches schmeckt nach einem Tag Durchziehen gleich nochmal so gut. Gulasch, Bolognese oder Linsensuppe zum Beispiel lassen sich ganz hervorragend vorbereiten und dann erstmal im Kühlschrank aufbewahren. Wichtig ist, dass Ihr die Gerichte am besten noch kochend heiß in saubere Gefäße füllt und luftdicht verschließt, dann bleiben sie locker einige Tage gut. Oder ihr kocht von diesen Gerichten gleich die doppelte Portion und friert eine davon ein. Für diese ganz klassische Form des Meal Prep eignen sich vor allem Eintöpfe und Suppen oder auch Saucen.

VIEL ABWECHSLUNG

Als super alltagstauglich hat sich bei mir auch eine Kombination aus Meal Prep und frischer Zubereitung bewährt: eine Komponente kommt aus dem Tiefkühler, eine bereite ich frisch zu. Ein Klassiker wären hier Nudeln mit einer fein geschmorten Sau-

Einmal gekocht, mehrmals gegessen: Vorratsboxen und dem Tiefkühlfach sei Dank!

ce (natürlich aus dem Tiefkühler), Reis mit einem aufgetauten Curry oder auch Chili sin Carne mit Wraps und Salat. Nudeln, Reis oder andere Beilagen sind ja wirklich fix gekocht. So hat man ohne Kochstress eine vollständige Mahlzeit auf dem Teller.

Mein No-Waste-Dreh

Vor allem bei Hülsenfrüchten lohnt es sich, selbst zu kochen – hier spart man nämlich ordentlich Dosenmüll.

Übrigens: Am schonendsten lassen sich bereits gekochte Gerichte im Kühlschrank auftauen. Dazu das Gericht schon morgens (danke Wochenplan!) aus dem Tiefkühler nehmen und den Tag über auftauen lassen – so vermeiden wir einen Temperaturschock und das Essen steht abends schon bereit zum Aufwärmen. Wenn das Auftauen vergessen wird, auch kein Problem: Schneller geht es, wenn das gefrorene Gericht direkt im Topf erwärmt wird. Dann aber bitte auch schön langsam bei schwacher Hitze. Das Gericht dann nur einmal kurz aufkochen, damit es seine Konsistenz nicht verliert. Alternativ tut es natürlich das Auftauprogramm der Mikrowelle.

EINMAL KOCHEN, ZWEIMAL ESSEN

Neben Vorkochen habe ich in den letzten Jahren noch etwas anderes für mich entdeckt: Kettenkochen. Das ist im Grunde eine Sonderform des Vorkochens. Hier kochen wir nicht ganze Gerichte vor, sondern wandeln gewisse Komponenten einfach ab. Aus gekochten Kartoffeln werden heute Pellkartoffeln mit Quark und Salat, morgen mache ich Bratkartoffeln mit Spiegelei. Quinoa schmeckt heute in der Bowl, morgen wird sie zu leckeren Bratlingen. Gerade Beilagen eignen sich perfekt, um sie in größerer Menge zuzubereiten und dann einfach zu variieren. Mit dem richtigen Dreh wird das nicht langweilig und spart uns im Alltag jede Menge Zeit.

Feierabends geht's jetzt schnell!

TURBO TURBO

Genial einfache 20-Minuten-Rezepte
mit wenigen, aber frischen Zutaten

EISKALTE MELONEN-GURKEN-SUPPE

ZUBEREITUNG: 20 MIN.

Für 2 Personen

½ reife Honigmelone
1 Salatgurke
1 Stück Bio-Ingwer (ca. 1 cm)
1 Bio-Limette
¼ Bund Basilikum
1 rote Peperoni
Meersalz
Pfeffer
40 ml weißer Portwein (nach Belieben)
4 Grissini
4 Scheiben Parmaschinken
2 EL Olivenöl

1. Die Honigmelone und die Gurke jeweils schälen, entkernen und grob würfeln. Den Ingwer waschen und reiben. Die Limette heiß waschen und abtrocknen, die Schale fein abreiben und den Saft auspressen. Das Basilikum waschen, trockenschütteln, ein paar Blätter für die Deko beiseitelegen.

2. Melonen- und Gurkenwürfel mit Limettensaft und -abrieb, Ingwer, etwas Salz und Pfeffer in einen Mixbecher geben und mit 120 ml eiskaltem Wasser (evtl. ein paar Eiswürfel dazugeben) mischen. Das Basilikum grob schneiden und dazugeben. Dann alles mit dem Pürierstab fein mixen.

3. Die Peperoni waschen, putzen und entkernen, das Fruchtfleisch fein würfeln und unter die Suppe rühren. Dann alles mit Salz, Pfeffer und nach Belieben einem Schuss Portwein abschmecken. Die Suppe bis zum Servieren kaltstellen.

4. Die Grissini mit jeweils 1 Scheibe Parmaschinken umwickeln. Die Suppe zum Servieren in gekühlte Gläser füllen, mit Olivenöl beträufeln und mit Basilikum garnieren. Die Grissini dazureichen.

Mein Drink-Dreh

Die Schale von Gurken und Ingwer mit ½ TL Zucker bestreuen und ca. 10 Min. ziehen lassen. Dann mit 400 ml kaltem Mineralwasser auffüllen und schon ist der Gurken-Ingwer-Drink fertig.

MÖHREN-INGWER-SÜPPCHEN
mit grünem Curry

ZUBEREITUNG: 20 MIN.

Für 2 Personen

1 Knoblauchzehe
½ Zwiebel
1 Stück Ingwer (ca. 2 cm)
300 g Möhren
3 Kardamomkapseln
Pflanzenöl zum Braten
600 ml Gemüsefond
1 Bio-Limette
200 g Kokosmilch (aus der Dose)
Meersalz
Honig

1. Knoblauch, Zwiebel und Ingwer schälen und grob würfeln. Die Möhren putzen, schälen und ebenfalls grob würfeln. Die Kardamomkapseln jeweils mit einem Messer leicht andrücken.

2. Etwas Pflanzenöl in einem kleinen Topf erhitzen und die Currypaste bei mittlerer Hitze darin anschwitzen. Knoblauch, Zwiebel, Möhren und Kardamomkapseln dazugeben und ca. 2 Min. mitdünsten. Dann den Fond angießen, einmal aufkochen und alles bei schwacher Hitze ca. 10 Min. köcheln lassen.

3. Inzwischen die Limette heiß waschen und abtrocknen, die Schale fein abreiben und den Saft auspressen. Wenn das Gemüse weich ist, die Ingwerstücke in die Suppe geben und alles noch einmal aufkochen. Danach die Suppe mit der Kokosmilch fein pürieren, anschließend nach Belieben passieren. Mit Limettenabrieb und -saft, etwas Honig und Salz abschmecken und schnell servieren.

...Möglichkeit 1

>> EINWECKEN ...

Von der Suppe auf jeden Fall immer die doppelte Menge kochen und aufbewahren. Dafür noch kochend heiß in spülmaschinensaubere Weck- oder Schraubgläser füllen und sofort verschließen. Dann abkühlen lassen und in den Kühlschrank stellen. Dort ist die Suppe ca. 2 Monate haltbar.

Ralf kocht vor:

Die Suppe funktioniert übrigens auch super mit Kürbis, Steckrübe, Knollensellerie, Petersilienwurzel ... ganz nach Saison und Laune und was das Gemüseregal gerade so hergibt. Die Garzeiten ändern sich dabei kaum. Außerdem eignet sich diese Suppe perfekt zum Vorkochen: Sie schmeckt so gut, dass man davon immer eine Portion im Kühlschrank haben sollte.

...Möglichkeit 2

>> ... UND DANN GENIESSEN

Als kleines Topping für die Suppe eignen sich kleine Sesam-Croûtons – da kann man auch **gleich übrig gebliebene Brötchen** vom Wochenende verarbeiten. Einfach kleine Würfel schneiden, im Ofen bei 170° goldbraun rösten. Anschließend mit etwas geröstetem Sesamöl beträufeln und auf die Suppe damit!

ROTE-BETE-CARPACCIO

ZUBEREITUNG: 25 MIN.

Für 2 Personen

200 g Rote Bete mit Grün
Meersalz
Zucker
100 g rote Linsen
60 g Sonnenblumenkerne
1 Stück Ingwer (ca. 1 cm)
2 Bio-Limetten
1 EL flüssiger Honig
schwarzer Pfeffer
6 EL kaltgepresstes Rapsöl (oder Leinöl)
1 grüner Apfel (z. B. Granny Smith)
100 g Schmand

1. Die Roten Beten putzen und schälen, dabei 3 schöne Blätter zur Seite legen (Rote Bete färben stark ab, am besten Einmalhandschuhe tragen). Die Knollen in dünne Scheiben schneiden oder hobeln, dann in einer Schüssel mit ½ TL Salz und 2 ½ TL Zucker marinieren, einmal durchrühren und kaltstellen.

2. Inzwischen die Linsen in einem kleinen Topf in reichlich kochendem Wasser in ca. 8 Min. bissfest garen. Anschließend in ein Sieb abgießen, abschrecken und abtropfen lassen. Die Sonnenblumenkerne in einer großen Pfanne ohne Fett rösten. 2 TL Zucker darüber streuen und kurz karamellisieren lassen. Dann die Sonnenblumenkerne aus der Pfanne nehmen und abkühlen lassen.

3. Den Ingwer schälen und fein reiben. Die Limetten heiß waschen, abtrocknen, die Schale fein abreiben und den Saft auspressen.

4. Ingwer, Limettenabrieb und -saft, Honig, etwas Salz, Pfeffer und Öl mischen. Den Apfel waschen, vierteln, putzen und entkernen, dann mit der Schale grob reiben. Die Apfelraspel mit etwas Dressing mischen. Die Rote-Bete-Blätter waschen, trockenschütteln und in feine Streifen schneiden.

5. Die Rote-Bete–Scheiben auf einer Platte anrichten. Linsen, Apfelraspel, Sonnenblumenkerne und Rote-Bete-Blätter darauf verteilen. Das übrige Dressing darüberträufeln. Den Schmand in einer kleinen Schüssel glattrühren und zum Carpaccio servieren.

STEAKSTREIFEN MIT 1-2-3-SAUCE

ZUBEREITUNG: 20 MIN.

Für 2 Personen

Für die Sauce

1 Basilikum
200 g Erdnussbutter
400 g Sweet-Chili-Sauce

Außerdem

1 Bio-Zitrone
2 Spitzpaprika
2–3 EL kaltgepresstes Leinöl (oder Rapsöl)
Salz
schwarzer Pfeffer
1 Eisbergsalat
2 Rindersteaks (à 200 g, Hüfte, Filet oder Rumpsteak)
1 EL Pflanzenöl zum Braten

1. Für die 1-2-3-Sauce das Basilikum waschen und trockenschütteln. Die Blätter abzupfen und mit einem scharfen Messer grob schneiden. Dann mit der Erdnussbutter und der Sweet-Chili-Sauce in einem hohen Gefüß fein cremig mixen.

2. Die Zitrone heiß waschen, abreiben, die Schale fein abreiben und den Saft auspressen. Die Paprika waschen, putzen, halbieren und von Kernen und weißen Trennhäuten befreien. Das Fruchtfleisch in Streifen schneiden und in einer kleinen Schüssel mit Zitronensaft und -abrieb, Leinöl, Salz und Pfeffer marinieren. Den Eisbergsalat von äußeren, welken Blättern befreien, dann putzen und in mundgerechte Stücke schneiden.

3. Das Fleisch etwas abtupfen und in ca. 0,7 cm breite Streifen schneiden. Dann die Steakstreifen in einer heißen Pfanne ca. 1 Min. scharf anbraten, wenden, nochmals 1 Min. braten lassen und mit Salz und Pfeffer würzen.

4. Den Salat mit den Steakstreifen anrichten, die Sauce darüberträufeln und alles mit etwas frischem Brot servieren.

Mein Vorrats-Dreh

Die Sauce reicht für 2–3 Mahlzeiten und ist gekühlt mind. 2 Wochen haltbar. Sie passt super zu allem Gegrillten (Garnelen, Huhn, Tofu, Gemüse, Fisch), aber auch zu Gemüsetempura und Satéspiessen.

SCHARFER HALLOUMI MIT HONIGZWIEBEL

ZUBEREITUNG: 20 MIN.

Für 2 Personen

4 Zwiebeln (ca. 250 g)
Pflanzenöl zum Braten
Meersalz
2 EL Honig
1 Avocado
2 Tomaten
schwarzer Pfeffer
2–3 EL Balsamico
2 EL bestes Olivenöl
200 g Rucola
1 Halloumi (200 g)
1 TL Chiliflocken

1. Die Zwiebeln schälen, halbieren und in feine Ringe schneiden. Etwas Öl in einer Pfanne erhitzen und die Zwiebeln darin bei schwacher Hitze in ca. 10 Min. goldbraun braten. Dabei etwas salzen, am Ende der Garzeit den Honig zugeben.

2. Während die Zwiebeln braten, die Avocado halbieren und den Kern entfernen. Das Fruchtfleisch mit einem Löffel herauslösen und in kleine Würfel schneiden. Die Tomaten waschen, halbieren und von den Stielansätzen befreien, dann in kleine Würfel schneiden. Avocado- und Tomatenwürfel in einer kleinen Schüssel mit Salz, Pfeffer, Balsamico und Olivenöl kräftig marinieren. Den Rucola waschen und trockenschleudern.

3. Den Halloumi in 4 Scheiben schneiden, in einer Pfanne (gerne eine Grillpfanne verwenden) von beiden Seiten goldbraun braten, danach mit Chiliflocken bestreuen.

4. Den Rucola unter die Avocadosalsa mischen und alles auf 2 Teller verteilen. Die Halloumischeiben auf den Salat geben und alles mit den warmen Honigzwiebeln toppen.

Viel Spass und guten Hunger!

GEBRATENER KOPFSALAT MIT AYRAN-DRESSING

ZUBEREITUNG: 15 MIN.

Für 2 Personen

1 Kopfsalat
2–3 TL Zitronensaft
1 Bund Radieschen
Meersalz
Zucker
2–3 Stiele Liebstöckel
200 ml Ayran
½ TL geröstete Koriandersamen
1 TL Senf
schwarzer Pfeffer
150 g Frühstücksspeck
2 Scheiben Vollkorn-Toast
3 EL Olivenöl

1. Den Kopfsalat von den äußeren, nicht so schönen Blättern befreien. Dann im Ganzen waschen, halbieren und auf Küchenpapier trocknen. Die Zitrone heiß waschen und abtrocknen, die Schale fein abreiben und den Saft auspressen. Die Radieschen waschen, dann putzen, je nach Größe halbieren oder vierteln und mit etwas Salz, Zucker und Zitronensaft marinieren.

2. Den Liebstöckel waschen, trocken schütteln und grob schneiden. Den Ayran mit dem restlichen Zitronensaft, dem Zitronenabrieb, Liebstöckel, Koriander, Senf, etwas Salz und Pfeffer fein mixen und mit etwas Zucker abschmecken.

3. Den Speck in Streifen schneiden, das Toastbrot ca. 1 cm groß würfeln. 1 EL Olivenöl in einer Pfanne erhitzen und den Kopfsalat darin mit der Schnittfläche nach unten braten, bis er leicht goldbraun wird. Die Salathälften auf 2 Teller geben. Die restlichen 2 EL Olivenöl in der großen Pfanne erhitzen und den Speck und das Toastbrot darin schön knusprig anrösten.

4. Das Ayrandressing über die Salathälften geben und Radieschen, Speck- und Toastwürfel darüber verteilen. Voilà!

Mein Alltags-Dreh

Wer es cremiger mag, mixt noch ½ reife Avocado ins Dressing – auch ein Träumchen!

PANZANELLA

ZUBEREITUNG: 20 MIN.

Für 2 Personen

- 2 Bund Rucola
- 1 Bund Basilikum
- 1 Ciabatta vom Vortag (oder Baguette)
- 5 Knoblauchzehen
- 4 EL Aceto balsamico
- Meersalz
- schwarzer Pfeffer
- 1–2 TL Honig
- 5–6 EL kalt gepresstes Olivenöl
- 500 g Fleischtomaten (oder reife Tomaten)
- 1 Salsiccia (ital. Bratwurst, oder Merguez, zur Not Cabanossi)
- 50 g Parmesan im Ganzen

1. Den Ofen auf 180° (Umluft) vorheizen. Rucola und Basilikum waschen und trockenschleudern, den Rucola verlesen. Das Brot in dünne Scheiben schneiden, die Knoblauchzehen leicht mit dem Handrücken andrücken. Beides auf einem Backblech verteilen und im heißen Ofen in ca. 10 Min. goldbraun rösten.

2. Inzwischen den Balsamico mit Salz, Pfeffer, Honig und Olivenöl mischen und abschmecken. Die Tomaten waschen, halbieren und vom Stielansatz befreien, dann in ca. 2 cm große Würfel schneiden und mit dem Dressing mischen. Den Salat nochmal mit Salz und Pfeffer abschmecken.

3. Die Salsiccia von der Pelle befreien und klein zupfen. In einer Pfanne von allen Seiten scharf anbraten, zu den Tomaten geben. Den Rucola und das Basilikum unter die Tomaten heben, zuletzt die knusprigen Brotscheiben unterheben. Alles auf 2 Teller verteilen, den Parmesan darüber hobeln und schnell servieren.

Die leckerste Art, Brot zu essen!

MINI-KRÄUTER-QUICHE MIT KIRSCHTOMATEN

ZUBEREITUNG: 20 MIN. | BACKEN: 8 MIN.

Für 2 Personen

1 Zwiebel
80 g Kräuterbutter
200 g TK-Spinat (aufgetaut)
Salz
schwarzer Pfeffer
frisch geriebene Muskatnuss
2 Eier (M)
1 EL Crème fraîche
8 Kirschtomaten
4 salzige Tartelettes (12 cm, Fertigprodukt)

1. Den Ofen auf 180° vorheizen. Die Zwiebel schälen und in kleine Würfel schneiden. Die Kräuterbutter in einer Pfanne erhitzen und die Zwiebelwürfel darin anbraten. Den Spinat gut ausdrücken und mit in die Pfanne geben. Alles kräftig mit Salz, Pfeffer und Muskat würzen und vom Herd nehmen.

2. Eier und Crème fraîche in die Pfanne geben und alles gut verrühren. Die Tomaten waschen und halbieren. Die Tartelettes auf ein mit Backpapier belegtes Blech geben und die Spinatmasse auf den Tartelettes verteilen, die Tomaten daraufgeben. Dann im heißen Ofen ca. 8 Min. goldbraun und knusprig backen.

Mein Meal-Prep-Dreh

Die Tartelettes schmecken heiß und kalt – also ruhig ein paar mehr machen und den Rest morgen in der Mittagspause genießen!

SPAGHETTI AGLIO E OLIO MIT JUNGEM SPINAT

ZUBEREITUNG: 25 MIN.

Für 2 Personen

2 Knoblauchzehen
1 Bund Petersilie
200 g Baby-Blattspinat
½ Bio-Zitrone
250 g Spaghetti
Meersalz
3 El Olivenöl
schwarzer Pfeffer
frisch geriebene Muskatnuss

1. Knoblauch schälen und in dünne Scheiben schneiden. Die Petersilie waschen, trockenschütteln, die Blätter von den Stielen zupfen und fein hacken. Den Spinat waschen, evtl. verlesen und trockenschleudern. Die Zitrone heiß waschen, abtrocknen, die Schale fein abreiben und den Saft auspressen.

2. Die Spaghetti nach Packungsanweisung in reichlich kochendem Salzwasser in 8–10 Min. bissfest garen. Inzwischen das Öl in einer großen Pfanne erhitzen und den Knoblauch bei schwacher Hitze langsam hellbraun anbraten.

3. Die Nudeln in ein Sieb abgießen und gut abtropfen lassen, dann zum Knoblauch in die Pfanne geben. Die Zitronenschale und 1-2 EL Zitronensaft untermischen. Petersilie und Spinat unterheben und alles mit Salz, Pfeffer und Muskatnuss abrunden.

... 'ne flotte Nudel!

SPITZKOHL MIT SCHUPF-NUDELN UND FORELLE

ZUBEREITUNG: 20 MIN.

Für 2 Personen

1 Spitzkohl
Meersalz
Zucker
3 EL Olivenöl
½ Bio-Zitrone
1 TL Kreuzkümmelsamen
400 g Schupfnudeln (Kühlregal, oder Gnocchi)
1 EL Butter
schwarzer Pfeffer
frisch geriebene Muskatnuss
2 geräucherte Forellenfilets
2 EL Sahnemeerrettich (aus dem Glas, nach Belieben)

1. Den Spitzkohl waschen und von äußeren, welken Blättern befreien. Halbieren, vom Strunk befreien und blättrig schneiden (ca. 3 cm). Dann mit Salz, etwas Zucker und 1 EL Olivenöl marinieren. Die Zitrone heiß waschen und abtrocknen, die Schale fein abreiben und den Saft auspressen.

2. Den Kreuzkümmel einer großen Pfanne ohne Fett erhitzen, bis er anfängt zu duften. Die restlichen 2 EL Olivenöl und den Spitzkohl zugeben und in ca. 8 Minuten goldbraun braten. Nach ca. 4 Min. die Schupfnudeln und die Butter zugeben und mitbraten.

3. Kurz vor dem Anrichten das Ganze mit Pfeffer, etwas Muskatnuss, dem Zitronenabrieb und -saft lecker abschmecken, dann auf 2 warme Pastateller verteilen. Die Räucherforellen darüber zupfen und nach Belieben den Meerrettich darüber klecksen.

Und dazu frische Kresse!

PFANNKUCHEN MIT KOPFSALAT UND SPECK

ZUBEREITUNG: 25 MIN.

Für 2 Personen

100 g Frühstücksspeck
120 ml Milch
150 g Mehl
2 Eier (M)
½ TL Backpulver
Salz
schwarzer Pfeffer
frisch geriebene Muskatnuss
Pflanzenöl zum Braten
1 Bio-Zitrone
200 g Joghurt
1 TL Senf
1 TL Rübensirup (oder Honig)
1 Kopfsalat

1. Den Ofen auf 180° vorheizen. Den Speck in mundgerechte Stücke schneiden. Milch, Mehl, Eier und Backpulver zu einem Pfannkuchenteig verrühren, den Teig mit etwas Salz, Pfeffer und frisch geriebener Muskatnuss würzen.

2. Die Hälfte des Specks in einer ofenfesten Pfanne mit etwas Öl anbraten. Die Hälfte des Teiges dazugeben und kurz stocken lassen, dann für ca. 12 Min. im heißen Ofen (Mitte) goldbraun backen, währenddessen einmal wenden.

3. Inzwischen die Zitrone heiß waschen und abtrocknen, die Schale fein abreiben und den Saft auspressen. Den Joghurt mit Senf, Zitronenabrieb und -saft sowie Rübensirup mischen, kräftig mit Salz, Pfeffer und Muskat abschmecken.

4. Den Kopfsalat in einzelne Blätter zerlegen, diese gut waschen, trockenschleudern und in mundgerechte Stücke zupfen. Das Joghurtdressing darüberklecksen.

5. Den Pfannkuchen aus dem Ofen nehmen und auf eine Servierplatte stürzen. Aus den restlichen Zutaten auf dieselbe Weise einen zweiten Pfannkuchen backen. Inzwischen den ersten in Stücke schneiden und schonmal mit Salat servieren.

DER LECKERSTE BROKKOLI DER WELT

ZUBEREITUNG: 20 MIN.

Für 2 Personen

1 Brokkoli
Meersalz
Zucker
Olivenöl zum Braten
1 EL Butter
3 Eier (M)
schwarzer Pfeffer
2 TL Sojasauce
Chilisauce
Koriander aus der Mühle (oder gemahlener Koriander)
80 g Brie de Meaux (oder Camembert)
1 Beet Kresse

1. Den Brokkoli waschen, putzen und in kleine Röschen teilen. Den Strunk schälen und in Stücke schneiden. Den noch rohen Brokkoli mit etwas Salz und einer Prise Zucker würzen. Etwas Öl in einer beschichteten Pfanne erhitzen und den Brokkoli darin anbraten. Dabei ab und zu wenden. Nach 3–4 Min. die Butter zugeben. Der Brokkoli sollte goldbraun werden, aber noch leichten Biss haben.

2. Die Eier in eine Schüssel aufschlagen, leicht verquirlen, salzen und pfeffern. Den Brokkoli mit Sojasauce, 1 Spritzer Chilisauce und etwas gemahlenem Koriander würzen. Die Eimasse gleichmäßig über das Gemüse geben und stocken lassen.

3. Wenn die Eier oben fest sind, den Käse darüber zupfen und noch kurz ziehen lassen. Die Kresse vom Beet schneiden, über Eier und Käse streuen und alles schnell servieren.

Schmeckt am besten direkt aus der Pfanne!

ZUCCHINIPUFFER MIT SCHAFSKÄSECREME

ZUBEREITUNG: 20 MIN.

Für 2 Personen

1 Bio-Zitrone
50 g Schafskäse (Feta)
2 EL Joghurt (1,5 % Fett)
Salz
Zucker
schwarzer Pfeffer
75 g Mehl
1 Ei (M)
¼ TL Chiliflocken
Muskatnuss
400 g Zucchini
3–4 Stiele Dill
4 EL Pflanzenöl zum Braten
12 Kirschtomaten (an der Rispe)

1. Die Zitrone heiß waschen und abtrocknen, die Schale fein abreiben und den Saft auspressen. Den Schafskäse mit den Händen in einen Mixbecher krümeln. 1 TL Zitronenschale und 1 Spritzer Zitronensaft dazugeben, dann alles mit Joghurt, etwas Salz, Zucker und Pfeffer zu einer schönen Creme mixen.

2. Das Mehl mit 200 ml Wasser, Ei, Chiliflocken, ½ TL Salz und etwas Pfeffer, Muskatnuss und Zitronenschale mit dem Schneebesen zu einem glatten Teig rühren. Die Zucchini waschen, putzen und grob raspeln. 3 Stiele Dill waschen, trocken schütteln und mit den feinen Stielen sehr fein hacken. Zucchini und Dill unter den Teig heben. Vom restlichen Dill die Spitzen abzupfen.

3. 4 EL Öl in einer großen, beschichteten Pfanne erhitzen. Mit einem Löffel jeweils 1 EL Zucchinimasse in das Öl geben und die Puffer von jeder Seite 2–3 Min. goldbraun braten. Insgesamt 8 Puffer aus der Masse backen. Die fertigen Puffer auf Küchenpapier abtropfen lassen und ggf. im heißen Ofen bei 100° warmhalten.

4. Die Tomaten waschen und in der noch heißen Pfanne kurz platzen lassen, salzen und pfeffern. Dann die Puffer auf 2 Tellern anrichten, mit den restlichen Dillspitzen garnieren und mit Käsecreme und Tomaten servieren.

TOFU & SPECK

ZUBEREITUNG: 20 MIN.

Für 2 Personen

200 g Speck in Würfeln
1 EL Pflanzenöl zum Braten
300 g Naturtofu
1 rote Paprika
Salz
1 Bund Frühlingszwiebeln
4 Stiele Koriandergrün (nach Belieben)
1 EL geröstetes Sesamöl
1–2 EL Sojasauce
1 EL Fischsauce
2 EL geröstete gesalzene Erdnüsse
Chilipulver

1. Den Speck mit 1 EL Öl in eine beschichtete Pfanne geben und bei mittlerer Hitze anbraten. Inzwischen den Tofu in ca. 1 cm große Würfeln schneiden, dann zum Speck geben und mitbraten, dabei ab und zu schwenken oder durchrühren.

2. Die Paprika waschen, halbieren, von Kernen und weißen Trennhäuten befreien und in Streifen schneiden. Dann etwas salzen und zu Tofu und Speck in die Pfanne geben.

3. Die Frühlingszwiebeln waschen, putzen und mit dem knackigen Grün schräg in dünne Streifen schneiden. Ebenfalls zu Speck, Tofu und Paprika in die Pfanne geben.

4. Nach Belieben den Koriander waschen, trockenschütteln, abzupfen und fein hacken. Wenn der Speck schön knusprig ist, Sesamöl, Sojasauce, Fischsauce und etwas Chilipulver dazugeben. Alles etwas durchschwenken und auf 2 Teller geben. Mit Koriander und Erdnüssen toppen und: guten Appetit!

Klingt schräg,
ist aber schweinelecker!

»KEINE ZEIT ALS AUSREDE GILT NICHT! TURBO-SCHNELL AN DIE TÖPFE!«

REIBEKUCHEN

ZUBEREITUNG: 25 MIN.

Für 2 Personen

350 g festkochende Kartoffeln
1 kleine Zwiebel
Meersalz
1 Ei (M)
1–2 EL zarte Haferflocken
frisch geriebene Muskatnuss
4–5 EL Pflanzenöl zum Braten
200 g Räucherlachs
2 EL Sahnemeerrettich

1. Die Kartoffeln und Zwiebel schälen, auf der Haushaltsreibe fein reiben, salzen und mischen (die Zwiebel verhindert, dass die geriebenen Kartoffeln sich braun verfärben).

2. Die Kartoffeln gut ausdrücken und das Kartoffelwasser abgießen. Ei, Haferflocken, 1 Prise Salz und Muskat zu den Kartoffeln geben und mit den Händen alles gut untermischen.

3. Etwas Öl in einer großen Pfanne erhitzen. Die Hälfte der Masse mit einem EL in 3 Portionen ins heiße Fett geben und bei mittlerer Hitze von jeder Seite ca. 4 Min. goldbraun braten. Wenden, sobald sie am Rand braun werden. Die fertigen Puffer auf Küchenpapier entfetten und im heißen Ofen bei 100° Grad warmhalten.

4. Die Puffer mit Räucherlachs und Meerrettich anrichten. Wer mag, zupft noch ein paar Dillspitzen darüber.

Mein Beilagen-Dreh

Ich esse die Puffer auch gerne mit einem schönen Matjessalat. Super schmecken sie natürlich auch süß mit Apfelmus oder Preiselbeerkompott.

KÄSSPÄTZLE MAI LING

ZUBEREITUNG: 25 MIN.

Für 2 Personen

250 g getrocknete Spätzle (oder 500 g frische Spätzle)
Meersalz
250 g Champignons
Pflanzenöl zum Braten
2 Schalotten
1 Knoblauchzehe
schwarzer Pfeffer
frisch geriebene Muskatnuss
1 TL Fischsauce (oder Sojasauce)
3 TL Sojasauce
100 g Bergkäse
½ Bund Schnittlauch
3 EL Crème fraîche (oder Schmand)
2 EL Röstzwiebeln

1. Die Spätzle in reichlich kochendem Salzwasser nach Packungsanweisung in ca. 8 Min. bissfest garen.

2. Die Pilze mit einem Küchentuch abreiben, dann putzen und halbieren oder vierteln. Etwas Öl in einer Pfanne erhitzen und die Pilze ganz langsam bei schwacher Hitze ca. 15 Min. braten. Die Schalotten und den Knoblauch schälen. Die Schalotten in Ringe, den Knoblauch in feine Würfel schneiden. Nach ca. 5 Min. Braten die Schalotten, nach ca. 10 Min. Braten den Knoblauch zu den Pilzen geben. Alles kräftig mit Salz, Pfeffer und Muskat würzen, dann mit etwas Fisch- und Sojasauce ablöschen.

3. Den Käse grob reiben. Den Schnittlauch waschen, trockenschütteln und in feine Röllchen schneiden.

4. Die Spätzle abgießen, kurz abtropfen lassen und in die Pfanne zu den Pilzen geben. Den geriebenen Käse und Crème fraîche unterrühren. Die Käsespätzle auf 2 Teller verteilen, die Röstzwiebeln und den Schnittlauch darüberstreuen und schnell servieren.

Mein grüner Dreh

Ich finde: Ein Kopfsalat muss dazu! Am liebsten schön angemacht mit einer Vinaigrette aus Olivenöl, Aceto balsamico, Salz und Pfeffer.

PENNE MIT PILZ-»TRIFOLATI«

ZUBEREITUNG: 25 MIN.

Für 2 Personen

160 g Penne (oder andere kurze Nudeln)
Meersalz
10 Kirschtomaten
schwarzer Pfeffer
1 Prise Zucker
2 Schalotten
1 Knoblauchzehe
4–5 Stiele Petersilie
600 g schöne, kleine und feste Steinpilze (oder Pfifferlinge, Kräuterseitlinge, Champignons, Artischocken)
Olivenöl zum Braten
125 ml Weißwein (z. B. trockener Riesling)
100 ml Gemüsefond
1 EL Butter
2 EL bestes Olivenöl
2 EL frisch geriebener Parmesan

1. Die Nudeln in reichlich kochendem Salzwasser nach Packungsanweisung bissfest garen.

2. Für die Trifolati die Tomaten waschen, halbieren und mit etwas Salz, Pfeffer und Zucker marinieren. Die Schalotte und den Knoblauch schälen und in feine Scheiben schneiden. Die Petersilie waschen, trockenschütteln, die Blättchen abzupfen und fein hacken. Die Pilze mit einem Tuch abreiben, putzen und grob würfeln.

3. Die Pilze scharf in etwas Olivenöl anbraten. Die Schalotten zugeben, etwas salzen, dann den Knoblauch und die marinierten Kirschtomaten zugeben und alles mit Weißwein ablöschen. Wenn die Flüssigkeit verkocht ist, die Hitze reduzieren und den Gemüsefond angießen. Die leicht kochende Flüssigkeit mit etwas Butter und Olivenöl binden.

4. Die Nudeln abgießen, abtropfen lassen und zu den Pilzen geben. Mit der Petersilie unterschmischen, alles noch einmal mit Salz und Pfeffer abschmecken und schnell mit Parmesan servieren.

Mein Aroma-Dreh

Die Pilzabschnitte und Kräuterstiele mit der Gemüsebrühe aufkochen, dann 20 Min. ziehen lassen und durch ein Sieb passieren. Anschließend die Brühe wie im Rezept beschrieben verwenden. Das vermeidet Abfälle und gibt noch mehr Geschmack.

CHILI sin carne

ZUBEREITUNG: 20 MIN.

Für 2 Personen

300 g Naturtofu
4 EL Pflanzenöl + mehr zum Braten
2 TL rosenscharfes Paprikapulver
2 Zwiebeln
2 Knoblauchzehen
2 bunte Paprika
2 rote Peperoni
1 EL Tomatenmark
400 g Kidneybohnen (aus der Dose)
150 g Mais (TK oder Dose)
1 EL getrockneter Majoran (oder Oregano)
400 g Tomaten aus der Dose
150 ml Gemüsebrühe
Meersalz
schwarzer Pfeffer
geröstete, gemahlene Koriandersamen

1. Den Tofu grob raspeln. Das Öl mit dem Paprikapulver mischen und den Tofu darin in einer kleinen Schüssel marinieren.

2. Knoblauch und Zwiebeln schälen und fein würfeln. Paprika und Peperoni waschen und halbieren, dann von Kerngehäuse und weißen Trennwänden befreien. Anschließend beides in kleine Würfel schneiden.

3. Etwas Öl in einem Topf erhitzen. Zwiebeln, Knoblauch, Peperoni und Paprika darin anschwitzen, bis die Zwiebeln glasig werden. Dann das Tomatenmark zugeben und alles weitere 3–4 Min. anschwitzen.

4. Inzwischen Bohnen und Mais abgießen, mit dem Majoran in den Topf geben. Dann die

Tomaten und die Gemüsebrühe hinzufügen, das Ganze mit Salz, Pfeffer, Koriander und etwas Zucker würzen und einmal aufkochen. Die Hitze etwas reduzieren und alles ca. 8 Min. bei mittlerer Hitze köcheln lassen.

5. Inzwischen den Tofu in einer beschichteten Pfanne knusprig anbraten. Mit Salz, Pfeffer und Koriander würzen und zum Chili geben.

Ralf kocht vor:

Ich würde vom Chili immer mindestens die doppelte Menge einkaufen und vorkochen. Denn aufgewärmt schmeckt das Chili fast noch besser als frisch und im Kühlschrank hält es sich ein paar Tage. Wenn man dann noch die Beilagen ein bisschen abwandelt, hat man ohne großen Aufwand ein paar Tage später ein ganz neues Gericht auf dem Teller!

...Möglichkeit 1

>> EINFACH GUT

Ich serviere zum Chili gerne noch **1 fein geschnittenen Eisbergsalat** und **200 g saure Sahne**, das gibt dann eine Art Chili-Salat-Bowl. Noch ein paar **Chiliflocken** drüber – mega!

...Möglichkeit 2

>> SATTMACHER

Richtig satt macht das Chili in Kombination mit **Vollkorn-Reis**. Ein paar Blätter **Koriandergrün** drübergestreut und schon schmeckt das Ganze komplett anders – einfach genial!

Genuss pur

KASSELER-BBQ-STEAK MIT KICHERERBSEN

ZUBEREITUNG: 20 MIN.

Für 2 Personen

1 Dose Kichererbsen (240 g Abtropfgewicht)
Meersalz
2 gepökelte Schweinenacken (Kasseler, à 180 g)
Pflanzenöl zum Braten
2 EL BBQ-Sauce (Fertigprodukt)
1 Salatgurke
1 TL Kreuzkümmel
¼ TL Koriandersamen
200 g griechischer Joghurt (10 % Fett)
2 EL Dill (TK oder frisch geschnitten)
2 EL Kürbiskernöl (oder Leinöl)
Chilisauce

1. Den Backofen auf 180° (Umluft) vorheizen. Die Kichererbsen in ein Sieb abgießen, mit kaltem Wasser abspülen und leicht salzen.

2. Das Fleisch etwas abtupfen. Etwas Öl in einer feuerfesten Pfanne erhitzen und das Fleisch auf einer Seite 1–2 Min. anbraten, wenden und die Oberseite mit der BBQ-Sauce bestreichen. Die Kichererbsen zum Fleisch in die Pfanne geben und alles für ca. 10 Min. in den heißen Backofen (Mitte) schieben.

3. Inzwischen für den Joghurt die Gurke waschen, putzen und grob raspeln, dann gut salzen. Kreuzkümmel und Koriander in einer Pfanne ohne Fett rösten, bis es anfängt zu duften, dann fein mörsern und zum Joghurt geben. Die Gurken gut in einem Sieb abtropfen lassen, dann zum Joghurt geben. Dill und Kürbiskernöl ebenfalls dazugeben und alles leicht mit dem Pürierstab mixen. Alles mit Salz und Chilisauce lecker abschmecken.

4. Die Steaks herausnehmen und noch einen Moment ruhen lassen. Dann mit dem Joghurtdip servieren.

Mein Alltags-Dreh

Wer keine Kichererbsen mag, ersetzt sie durch weiße Bohnen, Kidneybohnen oder auch einfach Kartoffeln vom Vortag – was schmeckt, passt!

BALSAMICO-HUHN MIT PAK CHOI

ZUBEREITUNG: 20 MIN.

Für 2 Personen

400 g Pak Choi (oder Mangold, Paprika, Spitzkohl)
1 Stück Ingwer (ca. 2 cm)
1 kleine Knoblauchzehe
3 EL Pflanzenöl zum Braten
1 EL geröstetes Sesamöl
1 EL Sojasauce
Meersalz
schwarzer Pfeffer
2 Hähnchenbrustfilets mit Haut
2 TL Mehl
1 EL Butter
1 EL Honig
2 EL Aceto balsamico
80 g Crème fraîche

1. Den Pak Choi waschen, putzen und in mundgerechte Stücke schneiden. Ingwer und Knoblauch schälen und fein reiben.

2. 1 EL Öl in einer Pfanne erhitzen und den Pak Choi 1–2 Min. scharf anbraten. Dann die Hitze reduzieren und Ingwer, Knoblauch, Sesamöl und Sojasauce dazugeben. Alles 1–2 Min. weiterbraten, dann mit Salz und Pfeffer abschmecken. In eine Schüssel geben.

3. Das Fleisch abtupfen und in mundgerechte Stücke schneiden, mit Salz und Pfeffer würzen und mit dem Mehl bestäuben. Die restlichen 2 EL Pflanzenöl in einer Pfanne erhitzen und das Huhn von allen Seiten ca. 5–6 Min. scharf anbraten. Die Hitze reduzieren, Butter und Honig zugeben und alles mit Balsamico ablöschen.

4. Den Pak Choi auf 2 Teller verteilen, das Huhn darauf anrichten und jeweils ein paar Nocken Crème fraîche darüber setzen. Ich esse am liebsten Sesambrötchen oder -bagel dazu.

Und jetzt guten Appetit!

GLASIERTES HÄHNCHEN AUF FELDSALAT

ZUBEREITUNG: 20 MIN.

Für 2 Personen

2 Bio-Orangen
2 Sternanis
2 EL weißer Balsamico (oder Apfelessig)
2 EL Olivenöl
Salz
schwarzer Pfeffer
2 Hähnchenbrüste
Pflanzenöl zum Braten
2 EL Honig
400 g Feldsalat
50 g Walnüsse

1. Die Orangen heiß waschen, abtrocknen und von einer Orange die äußere Haut abreiben. Danach beide Orangen schälen und filetieren, den Saft dabei auffangen. Orangensaft und -abrieb mit Sternanis in einen kleinen Topf geben, zum Kochen bringen. Wenn der Saft dickflüssig geworden ist, vom Herd nehmen und etwas abkühlen lassen. Dann mit Essig, Salz, Pfeffer und Öl zu einer Vinaigrette schlagen. Die Sternanis herausnehmen und entsorgen, die Orangenfilets in die Vinaigrette legen.

2. Den Ofen auf 180° (Umluft) vorheizen. Das Fleisch etwas abtupfen und mit Salz und Pfeffer würzen. Etwas Öl in einer Pfanne erhitzen und die Hähnchenbrustfilets von beiden Seiten ca. 4 Min. anbraten. Danach das Fleisch mit Honig bestreichen und noch für ca. 8 Min. in den Ofen schieben.

3. Inzwischen den Feldsalat verlesen, waschen und trockenschleudern, zur Vinaigrette geben. Die Walnüsse hacken und darüberstreuen. Das Fleisch aus dem Ofen nehmen und aufschneiden.

Dazu am liebsten Rosinenbrötchen!

GEFLÜGELLEBER, CHICORÉE UND WALNÜSSE

ZUBEREITUNG: 20 MIN.

Für 2 Personen

2 Chicorée
Meersalz
schwarzer Pfeffer
2 TL Honig
60 g Butter
1 Orange
1–2 Handvoll Rucola (oder Feldsalat)
300 g Geflügelleber
Olivenöl
50 g Walnusskerne
2 TL Dijonsenf (fein oder grob)
2 EL Sherryessig (oder Apfelessig)

1. Den Backofen auf 220° (Umluft) vorheizen. Den Chicorée waschen, putzen und der Länge nach vierteln (den Strunk nicht komplett wegschneiden, so halten sie besser ihre Form). Dann auf ein mit Backpapier belegtes Blech legen, etwas salzen und pfeffern, den Honig darüberträufeln. 40 g Butter in kleinen Stückchen darauf verteilen. Das Blech in den Ofen schieben und den Chicorée ca. 8–10 Min. garen – er sollte am Ende noch etwas Biss haben.

2. Die Orange schälen und filetieren, den Saft dabei auffangen. Den Rucola verlesen, waschen und trockenschleudern.

3. Die Geflügellebern putzen (grüne Stellen großzügig entfernen) und in mundgerechte Stücke schneiden. Dann mit Pfeffer würzen und mit etwas Olivenöl bei mittlerer Hitze in einer beschichteten Pfanne von jeder Seite ca. 1 Min. anbraten. Die restlichen 20 g Butter zugeben und ca. 1 Min. weiter braten. Danach aus der Pfanne nehmen und noch einen Moment ruhen lassen.

4. Die Nüsse in dieselbe Pfanne geben und kurz darin anrösten. Den Senf zugeben und alles mit Orangensaft und Essig ablöschen. Danach die Geflügellebern und Orangenfilets zugeben, etwas salzen. Den Chicorée auf 2 Teller verteilen, den Salat anrichten, die Geflügellebern darüber verteilen und alles schnell servieren.

DORADENFILET MIT PINIENKERN-SALSA UND COUSCOUS

ZUBEREITUNG: 20 MIN.

Für 2 Personen

350 g Couscous-Salat (Kühlregal)
50 g Korinthen (oder Rosinen)
2 Stangen Staudensellerie
40 g grüne Oliven ohne Stein
1 Bio-Zitrone
20 g Kapern
300 g Doradenfilet mit Haut (oder Forelle, Zander, Rotbarsch, Wolfsbarsch)
4 EL Olivenöl
Meersalz
schwarzer Pfeffer
30 g Pinienkerne
1 EL TK-Petersilie

1. Das Couscous aus dem Kühlschrank nehmen. Die Korinthen in einer kleinen Schüssel mit kochendem Wasser bedecken und ca. 15 Min. quellen lassen. Den Staudensellerie waschen, putzen, von groben Fasern befreien und in kleine Würfel schneiden. Die Oliven ebenso in kleine Würfel schneiden. Die Zitrone heiß waschen, abtrocknen, die Schale fein abreiben und den Saft auspressen. Die Kapern in ein Sieb abgießen und abtropfen lassen.

2. Das Fischfilet von allen Gräten und Schuppen befreien. Dann mit 1 EL Olivenöl bestreichen, mit etwas Salz und Pfeffer würzen und für einen Moment beiseitestellen.

3. 2 EL Öl in einer Pfanne erhitzen. Sellerie und Pinienkerne im heißen Öl 4–5 Min. unter häufigem Rühren anbraten, bis die Kerne leicht bräunlich sind. Die Pfanne vom Herd nehmen, die Kapern und Oliven zugeben und leicht salzen. Die Korinthen abgießen und etwas abtropfen lassen, dann mit 1 EL Olivenöl, Petersilie, Zitronenabrieb und 2 EL -saft unterrühren und beiseitestellen.

4. Den restlichen EL Olivenöl in einer Pfanne erhitzen, das Fischfilet hineingeben und ca. 3–6 min. goldbraun braten. Dann einmal kurz in der Pfanne wenden und direkt auf dem zimmerwarmen Couscous anrichten. Die Filets mit der Salsa beträufeln

COOL COOK ING

Genial gute Rezepte (fast) ohne kochen,
aber mit viel Geschmack

OLIVEN-CIABATTA MIT SCHINKEN UND FEIGE

ZUBEREITUNG: 10 MIN.

Für 2 Personen

1 Oliven-Ciabatta (oder mit Peperoni)
bestes Olivenöl
6 reife Feigen (oder ½ Honigmelone)
150 g Paprika-Frischkäse
120 g Schwarzwälder Schinken in Scheiben
5–6 Stängel Basilikum
schwarzer Pfeffer

1. Das Ciabatta schräg in ca. 2–3 cm dicke Scheiben schneiden, diese knusprig toasten und jeweils mit etwas Olivenöl beträufeln.

2. Die Feigen waschen und vorsichtig trocken tupfen. Die Brotscheiben mit dem Frischkäse bestreichen. Die Feigen darüber zupfen, den Schinken darauf verteilen. Das Basilikum waschen und trockenschütteln, die Blätter abzupfen und ebenfalls über den Schinken streuen. Alles mit Pfeffer übermahlen und servieren.

Mein Aroma-Dreh

Viele verwenden Parmaschinken, aber das Räucheraroma des Schwarzwälder Schinken gibt dem Ganzen nochmal einen anderen Kick.

LEBERKÄSE-LAUGENSTANGE MIT KARAMELLZWIEBELN

ZUBEREITUNG: 20 MIN.

Für 2 Personen

½ Spitzkohl
Meersalz
schwarzer Pfeffer
3 EL Apfelessig
Olivenöl
1 rote Zwiebel
Zucker
300 g Leberkäse
2 Laugenstangen (oder Roggen-Vollkornstangen)
2 EL Meerrettichfrischkäse

1. Den Spitzkohl waschen, von den äußeren Blättern und dem Strunk befreien und in feine Streifen schneiden oder hobeln. In einer Schüssel mit Salz, Pfeffer, 1 EL Essig und 1 EL Olivenöl würzen und einmal durchkneten.

2. Die Zwiebel schälen, in 4 1 cm dicke Scheiben schneiden und jede Scheibe auf einer Seite komplett mit Zucker bestreuen. Dann in einer beschichteten, leicht geölten Pfanne auf der Zuckerseite bei mittlerer Hitze ca. 1–2 Minuten karamellisieren lassen. Die Oberseite salzen und die Zwiebelscheiben umdrehen. Dann mit den restlichen 2 EL Essig ablöschen und vom Herd nehmen.

3. Den Leberkäse im Toaster goldbraun toasten (oder kurz von beiden Seiten in der Pfanne kross anbraten – er ist perfekt, wenn er anfängt zu »singen«), die Laugenstangen obenauf aufbacken. Den Leberkäse quer halbieren. Die Laugenstangen aufschneiden, die Unterseiten mit Frischkäse bestreichen und den Spitzkohl darüber verteilen. Den Leberkäse und die karamellisierten Zwiebeln darauflegen, obenauf kommen die Oberseiten der Laugenstangen.

Bierchen dazu?

GERÖSTETES BAUERNBROT MIT SPECK-SPIEGELEI UND AVOCADO

ZUBEREITUNG: 10 MIN.

Für 2 Personen

4 Scheiben Bauernbrot (Sauerteigbrot)
1 reife Avocado
Salz
schwarzer Pfeffer
Zitronensaft
8 Scheiben Frühstücksspeck
4 Eier (M)
200 g Kräuterquark

1. Das Brot im Toaster knusprig rösten. Die Avocado halbieren und den Kern entfernen. Das Fruchtfleisch mit einem Löffel herauslösen und in dünne Scheiben schneiden. Mit etwas Salz, Pfeffer und 1 Spritzer Zitronensaft marinieren.

2. Die Speckscheiben nebeneinander in eine beschichtete Pfanne geben, die Eier vorsichtig aufschlagen und auf oder neben den Speck geben. Jetzt die Eier zum gewünschten Garpunkt braten. Inzwischen die Brotscheiben mit dem Kräuterquark bestreichen, die Avocadoscheiben darüber verteilen und am Ende jeweils ein Speck-Spiegelei draufsetzen. Mit Salz und Pfeffer bestreuen.

Mein Genuss-Dreh

Wer mag, garniert das Ganze noch mit Erbsenkresse. Schmeckt Hammer!

FLADENBROT MIT ROASTBEEF UND HUMMUS

ZUBEREITUNG: 15 MIN.

Für 2 Personen

1 Fladenbrot
10 Kirschtomaten
Salz
schwarzer Pfeffer
2 EL Olivenöl
1 EL Aceto balsamico
100 g Rucola
200 g Hummus (Fertigprodukt)
300 g rosa gebratenes Roastbeef in Scheiben

1. Den Ofen auf 180° vorheizen und das Fladenbrot darin in ca. 12 Min. knusprig aufbacken. Inzwischen die Tomaten waschen, halbieren, mit Salz, Pfeffer, Olivenöl und Balsamico marinieren. Den Rucola verlesen, waschen und trockenschleudern.

2. Das Fladenbrot aus dem Ofen nehmen und halbieren. Die Unterseite mit Hummus bestreichen, die Roastbeefscheiben darauflegen, salzen und pfeffern. Den Rucola mit den Tomaten mischen und auf dem Roastbeef verteilen. Die Fladenbrot-Oberseite darauflegen und das Fladenbrot vierteln.

... und ab auf die Terrasse!

GAZPACHO

ZUBEREITUNG: 10 MIN.

Für 2 Personen

- 1 kleine Knoblauchzehe
- 2 EL Olivenöl zum Braten
- 1 Salatgurke
- 2 gelbe Paprika
- 1 Stange Staudensellerie
- 2 reife Tomaten
- Meersalz
- schwarzer Pfeffer
- Honig
- ½ Bund Basilikum
- 1 Bio-Zitrone
- 250 ml Tomatensaft
- Chilisauce
- 2 EL natives Olivenöl

1. Den Knoblauch schälen und in dünne Scheiben schneiden. Das Olivenöl in einer Pfanne erhitzen und die Knoblauchscheiben darin golden anschwitzen. Gurke, Paprika, Sellerie und Tomaten waschen und putzen. Die Tomaten halbieren und vom Strunk befreien, die Paprika halbieren, entkernen und von weißen Trennhäuten befreien, den Sellerie von groben Fasern befreien. Das Gemüse würfeln und in einer Schüssel mit Salz, Pfeffer und Honig würzen.

2. Das Basilikum waschen, trockenschütteln und mit den Stielen grob schneiden. Die Zitrone heiß waschen und abtrocknen, die Schale fein abreiben und den Saft auspressen.

3. Knoblauch und Basilikum zum Gemüse in die Schüssel geben und alles fein pürieren, dann den Tomatensaft unterrühren. Die Suppe mit Zitronenabrieb und -saft, Salz, Honig, Pfeffer und einem Spritzer Chilisauce lecker abschmecken. Anschließend die Suppe kaltstellen. Zum Servieren eiskalt in gekühlte Schüsseln füllen und mit etwas nativem Olivenöl beträufeln.

Mein Genuss-Dreh

Baguette vom Vortag schräg in ca. 0,3 cm dicke Scheiben schneiden. Etwas Olivenöl und getrockneten Thymian darübergeben und bei 170° goldbraun backen.

BUTTERMILCH-GURKEN-SUPPE

ZUBEREITUNG: 15 MIN.

Für 2 Personen

450 g Salatgurke
1 Bund Dill
½ Bund Zitronenmelisse
1 Bio-Zitrone
300 ml Buttermilch
Meersalz
schwarzer Pfeffer
Honig
2 TL Meerrettich (aus dem Glas)
Chilisauce

1. Die Gurken waschen, putzen und der Länge nach vierteln, dann in grobe Würfel schneiden. Die Kräuter waschen, trockenschütteln, die dicken Stängel abschneiden, den Rest mit einem scharfen Messer grob schneiden. Die Zitrone heiß waschen und abtrocknen, die Schale fein abreiben und den Saft auspressen.

2. Gurkenstücke, Kräuter und Buttermilch in einen Mixbecher geben und mit Salz, Pfeffer, etwas Honig, Zitronenabrieb und -saft sowie dem Meerrettich mischen. Alles fein pürieren, mit etwas Chilisauce abschmecken und bis zur Verwendung kaltstellen. Zum Servieren die Suppe in gekühlte Schüsseln oder Gläser füllen.

Mein Sattmacher-Dreh

Dazu gibt es Schinkenbrot, Räucherlachs oder Frikadellen – oder was der Kühlschrank sonst so hergibt.

CAESAR SALAD

ZUBEREITUNG: 15 MIN.

Für 2 Personen

- 1 sehr kleine Knoblauchzehe
- ½ Bio-Zitrone
- 20 g Parmesan (oder Grana Padano)
- 20 g Sardellenfilets
- 1 frisches Eigelb
- 1 TL Senf
- 125 ml kaltgepresstes Traubenkernöl
- 2–4 EL Milch
- 2 EL Schmand
- Meersalz
- schwarzer Pfeffer
- Zucker
- 400 g Mini-Romanasalat
- kleine Croûtons als Garnitur (nach Belieben, Fertigprodukt)

1. Den Knoblauch schälen. Die Zitrone heiß waschen, abtrocknen und fein abreiben. Den Käse in grobe Stücke teilen, dann Knoblauch, Käse und Sardellen cremig pürieren. Eigelb, Senf und Zitronenabrieb untermixen. Während des Mixens das Öl langsam zugeben, sodass eine gebundene Creme entsteht. Zum Schluss mit etwas Milch und Schmand abrunden und die Sauce mit Salz, Pfeffer und etwas Zucker abschmecken.

2. Den Salat putzen und in einzelne Blätter trennen, diese waschen und trockenschleudern, dann auf Teller geben. Die Sauce darübergeben und die Croûtons oben aufstreuen.

Mein Genuss-Dreh

Als Garnitur geht alles: gerösteter Bauchspeck, Poularde, Garnelen, Schinken, Käse … erlaubt ist, was Spaß macht und der Kühlschrank hergibt!

BURRATA MIT TOMATE, ANANAS UND RUCOLA

ZUBEREITUNG: 15 MIN.

Für 2 Personen

400 g reife gemischte Tomaten
Meersalz
schwarzer Pfeffer
2 Bund Rucola
4–5 EL bestes Olivenöl (oder Leinöl)
150 g reife Ananas (fertig geputzt aus dem Kühlregal)
2 EL schwarze Oliven
2 Burrata-Kugeln (italienischer Frischkäse)
3 EL Aceto balsamico

1. Die Tomaten waschen, je nach Größe halbieren und vom Strunk befreien, würfeln oder in Scheiben schneiden, in eine Schüssel geben und mit Meersalz und Pfeffer würzen.

2. Vom Rucola das untere Drittel abschneiden, beide Teile separat verlesen, waschen und trockenschleudern. Die Stiele mit etwas Meersalz und dem Olivenöl fein mixen und kaltstellen.

3. Die Ananas 1 cm groß würfeln und mit den Oliven unter die Tomaten heben. Den Rucola auf 2 Teller verteilen, die Tomaten darüber anrichten, die Burrata daraufsetzen und mit Pfeffer übermahlen. Am Schluss den Balsamico und das Rucolaöl darüber geben.

Unbedingt draussen essen!

QUINOASALAT *mit Feta*

ZUBEREITUNG: 20 MIN.

Für 2 Personen

150 g bunte Quinoa
Meersalz
200 g Salatgurke
gemahlener Koriander
3 EL Apfelessig
3 EL Olivenöl
3–4 Stängel Minze
150 g reife Mango (oder Ananas, Pfirsich, Aprikose, Nektarine)
Chilisauce
100 g Schafskäse (Feta)
2 EL Salatkernmischung

1. Die Quinoa in einem Sieb kalt abbrausen und abtropfen lassen. Dann mit 350 ml Wasser in einen Topf geben und 1 TL Meersalz zufügen. Alles einmal aufkochen, dann die Quinoa bei mittlerer Hitze mit Deckel in ca. 14 Min. gar kochen, währenddessen nicht rühren.

2. Inzwischen die Gurke waschen, putzen und klein würfeln. Die Gurkenwürfel in eine Schüssel geben und mit etwas Salz und Koriander würzen. Apfelesssig und Olivenöl direkt in der Schüssel untermischen.

3. Die Minze waschen und trockenschütteln, die Blättchen von den Stielen zupfen und grob hacken, dann zu den Gurken in die Schüssel geben. Die Mango schälen, das Fruchtfleisch vom Kern schneiden und fein würfeln, unter die Gurkenwürfel mischen.

4. Die Quinoa abgießen und zur Gurke geben, alles mischen und mit etwas Chilisauce abschmecken. Den Feta über den Salat bröseln, alles mit Kernen bestreuen und servieren.

Ralf kocht Kette

Von der Quinoa gleich gern die doppelte Portion kochen und ab in den Kühlschrank damit. Luftdicht verpackt hält sie sich 3–4 Tage.

>> GEFÜLLTE AUBERGINEN

2 mittelgroße Auberginen
Zitronensaft
5 EL Olivenöl
4 TL helle Misopaste
150 g bunte Quinoa (bissfest gegart)
Meersalz | Pfeffer
Zimtpulver
1 TL Agavendicksaft (oder Ahornsirup)

Den Ofen auf 200° vorheizen. Die Auberginen waschen und längs halbieren, die Schnittflächen kreuzweise einschneiden und mit Zitronensaft einstreichen. Jede Hälfte mit 1 EL Öl beträufeln und mit je 1 TL Misopaste bestreichen. Mit den Schnittflächen nach oben auf ein Blech setzen und im heißen Ofen (unten) ca. 35 Min. backen. Die weichen Auberginen zur Hälfte mit einem Löffel aushöhlen. Das Innere in einer Schüssel grob zerkleinern, die Quinoa untermischen und alles mit Salz, Pfeffer, etwas Zimt, Agavendicksaft und 1 EL Öl mischen. In die ausgehöhlten Auberginen füllen, kurz im Ofen erwärmen und mit deinem Lieblingssalat servieren.

THAI-MANGO-SALAT

ZUBEREITUNG: 20 MIN.

Für 2 Personen

- 10 g getrocknete Garnelen (Asienladen, nach Belieben)
- 2 mittelgroße Möhren
- 1 feste (unreife) Mango
- 2 Knoblauchzehen
- 1–3 rote Chilischoten
- 1 Limette
- 1–2 EL Palmzucker (oder Rohrzucker)
- 2–4 EL Fischsauce
- 8 Kirschtomaten
- 4 EL geröstete gesalzene Erdnüsse
- Sojasauce

1. Nach Belieben die Garnelen in lauwarmem Wasser einweichen (sie sind kein Muss, machen den Salat aber authentischer). Möhren, Mango und Knoblauch schälen. Die Chilis waschen. Die Mango schälen und das Fruchtfleisch vom Kern schneiden, die Möhren putzen. Beides in ca. 2 mm dicke Streifen raspeln oder schneiden. Die Chilis putzen, halbieren und entkernen.

2. Die Garnelen abgießen und grob zerkleinern, dann mit den Chilischoten und dem Knoblauch fein mörsern. Die Limette auspressen und den Saft dazugeben. 1 EL Palmzucker und 2 EL Fischsauce unter die Marinade mischen. Das Gemüse in einer Schüssel mit der Marinade mischen und gut durchkneten.

3. Die Kirschtomaten waschen und halbieren und mit den Nüssen unter den Mango-Salat heben. Den Salat mit Palmzucker, Sojasauce und Limettensaft abschmecken.

Der absolute Hammer!

WASSERMELONE, OLIVEN UND FETA

ZUBEREITUNG: 20 MIN.

Für 2 Personen

400 g reife Wassermelone
100 g Schafskäse (Feta)
3–4 Stängel Basilikum
½ Bio-Limette
2–3 EL Kürbiskerne
100 g gemischte Oliven (ohne Stein, bitte leckere Oliven kaufen)
Meersalz
schwarzer Pfeffer
2–3 EL kalt gepresstes Olivenöl

1. Die Melone schälen und in ca. 2 cm große Würfel schneiden. Den Käse in ca. 1 cm große Würfel schneiden. Das Basilikum waschen, trockenschütteln, die Blättchen abzupfen und in dünne Streifen schneiden. Die Limette heiß waschen und abtrocknen, die Schale fein abreiben und den Saft auspressen. Die Kürbiskerne in einer Pfanne ohne Fett anrösten, bis sie zu duften beginnen.

2. Melone, Käse, Basilikum und Oliven in einer Schüssel mischen. Limettenabrieb und -saft, etwas Salz und Pfeffer unterheben, dann den Salat auf 2 Teller verteilen. Das Olivenöl darüberträufeln, die Kürbiskerne darüberstreuen und servieren.

Mein Genuss-Dreh

Falls der Melone etwas Süße fehlt, einfach mit etwas Honig oder Agavendicksaft nachhelfen.

FLAMMKUCHEN al Ralf

ZUBEREITUNG: 15 MIN. | BACKEN: 30 MIN.

Für 2 Personen

4–6 Frühlingszwiebeln
2 eingelegte Paprika ohne Haut
80 g grüne Oliven (ohne Stein)
100 g Cheddar
2 Portionen Flammkuchenteig (Kühlregal)
150 g Sauerrahm (oder Schmand)
10 Anchovis
Meersalz
schwarzer Pfeffer

1. Den Ofen auf 250° vorheizen (wenn möglich, Pizzastufe). Die Frühlingszwiebeln waschen, putzen und mit dem knackigen Grün in feine Ringe schneiden. Die Paprika in dünne Streifen schneiden. Die Oliven halbieren. Den Käse auf einer Vierkantreibe grob reiben.

2. Die Flammkuchenteigrohlinge jeweils auf einem mit Backpapier belegten Blech ausrollen und mit der Hälfte des Sauerrahms bestreichen. Einen Flammkuchen mit der Hälfte des vorbereiteten Belages bestreuen, die Hälfte der Anchovis darauf verteilen.

3. Den fertig belegten Flammkuchen im heißen Ofen (unten) in ca. 12-15 Min. knusprig backen, großzügig pfeffern und in Stücke schneiden. Den zweiten Flammkuchen ebenso belegen und schön knusprig backen.

Heiss servieren!

Ralf kocht Kette

Wer Flammkuchenteig selbst zubereiten will: **300 g Roggenmehl (Type 1370), 200 g Mehl, 100 ml Wasser, 100 ml Milch, etwas Salz** und **1 EL Olivenöl** zu einem geschmeidigen Teig verarbeiten und für 10–15 Min. quellen lassen. Auf einer bemehlten Arbeitsfläche hauchdünn ausrollen und auf ein mit Backpapier belegtes oder geöltes Blech legen. Zutaten wie Fenchelsamen, Kümmel, Koriander, Mohn, diverse Kräuter bringen zusätzlich einen tollen Geschmack, man kann sie nach Laune und Geschmack noch in den Teig einarbeiten.

>> IDEEN FÜR OBENDRAUF

- Speck, Zwiebeln, Kümmel
- Champignons, Pfifferlinge, Mispeln, Schnittlauch (nach dem Backen)
- Parmaschinken, getrocknete Tomaten, Rucola (nach dem Backen)
- Garnelen, Oliven, Sardellen, Oregano
- Bananen, Ananas, brauner Zucker, Rum zum Flambieren
- Apfelscheiben, brauner Zucker, Zimt, Calvados zum Flambieren

FELDSALAT MIT GERÖSTETEN MAULTASCHEN

ZUBEREITUNG: 20 MIN.

Für 2 Personen

340 g Maultaschen (Kühlregal)
1 EL Butter
2 EL Kürbiskerne
1 TL Senf
1 TL Quittengelee (oder Himbeergelee, Honig)
2 EL Aceto balsamico
Meersalz
schwarzer Pfeffer
3 EL Kürbiskernöl
250 g Feldsalat

1. Den Backofen auf 190° (Umluft) vorheizen. Die Maultaschen in 1 cm dicke Scheiben schneiden. Die Butter in einer beschichteten, ofenfesten Pfanne erhitzen, die Maultaschen hineinlegen, die Kürbiskerne darüber streuen und die Pfanne für ca. 15 Minuten in den heißen Backofen (Mitte) stellen. Nach der Hälfte der Zeit die Maultaschen einmal in der Pfanne wenden.

2. Inzwischen den Senf mit Quittengelee und Balsamico verrühren, mit Salz und Pfeffer würzen und das Kürbiskernöl unterrühren. Den Feldsalat verlesen und gut waschen (Feldsalat ist oft sandig und sollte so lange gewaschen werden, bis kein Sand mehr im Waschwasser ist. Das Waschwasser eignet sich übirgens super, um Blumen bzw. Pflanzen zu gießen).

3. Sind die Maultaschen leicht knusprig, den Salat marinieren und auf 2 Tellern anrichten. Die Maultaschen dazugeben, die Kürbiskernbutter über den Salat träufeln.

Mein Vorrats-Dreh

Dieses Rezept eignet sich super zum Kühlschrankaufräumen: Alle kleinen Reste Gemüse oder auch Aufschnitt kleinschneiden und mit den Maultaschen braten. Käsereste einfach am Schluss über die fertigen Maultaschen geben. So wird nichts schlecht und das Essen schmeckt noch einen Tick besser.

CHIPS & KAVIAR

ZUBEREITUNG: 10 MIN.

Für 2 Personen

1–2 Stängel Dill
250 g Kartoffelchips mit Meersalz und Pfeffer
150 g Forellenkaviar
150 g Schmand

1. Den Dill waschen und trockenschütteln, dann fein hacken. Den Dill mit dem Schmand in einer kleinen Schüssel glattrühren.

2. Die Chips in eine große Schüssel geben und mit Kaviar, Chips und Schmand ab auf die Couch. Auf die Chips ½ TL Schmand geben, einen kleinen Klecks Kaviar drauf und guten Appetit. Wer mag, serviert noch einen knackigen Blattsalat dazu.

Man gönnt sich ja sonst nix …

POPCORN HAWAII

ZUBEREITUNG: 20 MIN.

Für 2 Personen

- **100 g gekochten Schinken**
- **120 g Ananas (fertig geputzt aus dem Kühlregal)**
- **90 g salziges Microwellen-Popcorn**
- **6–8 Scheiben Schmelzkäse**
- **2 Msp. Chilipulver**
- **schwarzer Pfeffer**

Außerdem

kleine Auflaufform

1. Den Ofen auf Grillstufe vorheizen. Den Schinken in dünne Streifen schneiden. Die Ananas würfeln. Das Popcorn in der Mikrowelle laut Hersteller aufpoppen lassen. Den Käse aus der Folie lösen.

2. Das Popcorn mit dem Schinken in eine Auflaufform geben und mit Chili würzen. Danach das Popcorn komplett mit Käse bedecken (die nicht abgedeckten Stellen würden sonst verbrennen), die Ananaswürfel darüber verteilen. Die Form in den heißen Ofen (oben) schieben und alles 1–3 Min. gratinieren. Herausnehmen, mit frischem Pfeffer übermahlen und servieren.

Dazu ein paar Blattsalate fürs Gewissen …

KLEINE PELLKARTOFFELN
mit Garnelencocktail

ZUBEREITUNG: 20 MIN.

Für 2 Personen

400 g kleine Kartoffeln (z. B. Drillinge, Bamberger Hörnchen, La Ratte…)
Meersalz
150 g körniger Frischkäse
75 g Ketchup
3–4 TL Meerrettich (aus dem Glas)
Chilipulver
3–4 Stangen Staudensellerie
200 g geschälte, gegarte Cocktail-Garnelen
5–6 Stiel Dill

1. Die Kartoffeln waschen und in einem Topf mit kaltem Wasser bedecken. 1 EL Meersalz dazu geben und die Kartoffeln in ca. 20 Min. weichkochen.

2. Für die Sauce den Frischkäse mit Ketchup und Meerrettich verrühren und mit etwas Salz und einer Prise Chili abschmecken. Den Staudensellerie waschen und putzen, von groben Fasern befreien. Dann die Stangen der Länge nach dritteln, in kleine Würfel schneiden und etwas salzen. Die Garnelen in ein Sieb abgießen und kurz abtropfen lassen. Anschließend mit den Selleriestückchen unter die vorbereitete Sauce rühren.

3. Die fertigen Kartoffeln abgießen und kurz ausdampfen lassen. Den Dill waschen, trockenschütteln und grob über die Kartoffeln zupfen. Die Kartoffeln mit dem Garnelencocktail auf Tellern anrichten – und ab auf die Terrasse!

Ralf kocht Kette

Von den Kartoffeln auf alle Fälle die 2–3-fache Menge kochen und diese an einem der nächsten Tage zu Rösti oder Bratkartoffeln verarbeiten – sie lassen sich dann übrigens auch viel einfacher schälen. Gekochte Kartoffeln halten sich bis zu vier Tage im Kühlschrank, am besten abgedeckt in einer Schüssel oder Box.

…Möglichkeit 1

>> RÖSTI …

Die gekochten Kartoffeln pellen und grob raspeln. **1 Zwiebel** schälen und in feine Streifen schneiden, unter die Kartoffelmasse heben. Alles kräftig mit **Salz**, **Pfeffer** und **frisch geriebener Muskatnuss** würzen. **1 EL Butterschmalz** in einer Pfanne erhitzen und die Kartoffelmasse hineingeben. Etwa 2 Min. bei mittlerer Hitze anbraten, dann mit dem Pfannenwender flach drücken unnd bei mittlerer Hitze in ca. 15 Min. fertig braten, dabei einmal wenden. Auf einen Teller gleiten lassen und servieren.

…Möglichkeit 2

>> … ODER BRATKARTOFFELN

Für Bratkartoffeln die abgekühlten Kartoffeln pellen und in 0,5 cm dicke Scheiben schneiden. **1 Zwiebel** schälen und in feine Würfel schneiden. Etwas **Butterschmalz** in einer Pfanne erhitzen, die Kartoffeln dazugeben und bei mittlerer Hitze und unter gelegentlichem Wenden anbraten. Wenn sie schon leicht Farbe haben, die Zwiebeln zugeben und weiter braten, bis alles schön goldbraun und knusprig ist.

BLUMENKOHL-COUSCOUS

ZUBEREITUNG: 25 MIN.

Für 2 Personen

1 Blumenkohl
Meersalz
Honig
3 EL bestes Olivenöl
1 TL Ras el Hanout (marokkanische Gewürzmischung, alternativ Currypulver)
½ Bund Frühlingszwiebeln
1 Bio-Zitrone
3–4 Zweige Minze
150 g Joghurt (gerne mit 10 % Fett)
1 Granatapfel (nach Belieben)
4 Merguez (oder andere Bratwürste)
Pflanzenöl zum Braten

1. Den Blumenkohl waschen und putzen. Den Kohlkopf in größere Rosen teilen und diese auf der groben Seite einer Vierkantreibe fein reiben. Dann mit Salz, Honig, Olivenöl und Ras el Hanout marinieren. Die Frühlingszwiebeln waschen und putzen, mit dem knackigen Grün in dünne Ringe schneiden und mit dem Blumenkohl-Couscous in eine Schüssel geben.

2. Die Zitrone heiß waschen und abtrocknen, die Schale fein abreiben und den Saft auspressen. Die Minze waschen und trockenschütteln, die Blätter abzupfen und fein hacken. Minze und Zitronenabrieb mit dem Joghurt verrühren. Den Granatapfel auslösen.

3. Die Merguez in einer Pfanne anbraten. Den Couscous mit Zitronensaft verfeinern, noch mal abschmecken und auf 2 Teller verteilen. Die Würste dazu anrichten, die Granatapfelkerne darüberstreuen und schnell servieren.

Mein Sattmacher-Dreh

Als Beilage ist vom Ciabatta über Ofenkartoffeln bis zum Sesambagel wirklich alles erlaubt.

SÜSSKARTOFFEL-TOAST MIT SCHINKEN UND KRÄUTERQUARK

ZUBEREITUNG: 20 MIN.

Für 2 Personen

1 große Süßkartoffel (ca. 300 g)
1 Bio-Zitrone
2 EL bestes Olivenöl
1 Msp. Chilipulver
80 g Senfgurken
Meersalz
200 g Kräuterquark
4 Scheiben gekochter Schinken
1 Beet Kresse

1. Die Süßkartoffel sehr gut waschen und trocken tupfen, dann rechts und links eine schmale Scheibe mit Schale abschneiden und entfernen. Den Rest der Kartoffel längs in knapp 1 cm dicke Scheiben schneiden. Die Scheiben nebeneinander in den Toaster stecken und mindestens zweimal auf höchster Stufe toasten, bis sie innen weich und außen leicht gebräunt sind (alternativ die Scheiben bei 170° (Umluft) ca. 20 Min. im heißen Ofen garen).

2. Inzwischen die Zitrone heiß waschen und abtrocknen, die Schale fein abreiben und 1 TL Saft auspressen. Den Kräuterquark mit 1 EL Olivenöl, Chilipulver, Zitronenabrieb und -saft verrühren. Die Senfgurken in dünne Scheiben schneiden.

3. Die Toasts auf 2 Teller legen, mit dem restlichen EL Öl bepinseln und salzen. Dünn mit Kräuterquark bestreichen, den Schinken darauflegen. Wieder etwas Quark daraufgeben, die Gurken darauflegen. Die Kresse vom Beet schneiden und auf die Toasts streuen.

Die schmecken auf der Couch am besten!

BLÄTTERTEIGTASCHEN MIT SAUERKRAUT

ZUBEREITUNG: 20 MIN. | BACKEN: 14 MIN.

Für 2 Personen

400 g Sauerkraut
300 g Schweinemett (oder rohe, grobe Bratwurst)
1 Ei (M)
300 g Blätterteig
1 Bund Schnittlauch
150 g Sauerrahm (oder Schmand)
Meersalz
schwarzer Pfeffer

1. Den Ofen auf 220° vorheizen. Das Sauerkraut auf Küchenpapier geben und trocken tupfen. Dann mit dem Mett in eine Schüssel geben und gut vermischen. Das Ei in eine zweite Schüssel aufschlagen und mit einer Gabel verquirlen.

2. Den Blätterteig auf einem mit Backpapier belegten Blech ausrollen und halbieren. Jeweils auf die untere Hälfte der Blätterteigflächen das Mettkraut geben, dabei einen kleinen Rand freilassen und diesen mit dem verquirlten Ei bestreichen. Die oberen Hälften nach unten klappen, die Ränder mit einer Gabel festdrücken. Das Blech in den heißen Ofen (Mitte) schieben und die Blätterteigtaschen in ca. 14 Min. goldbraun backen.

3. Inzwischen den Schnittlauch waschen, trockenschütteln und in feine Röllchen schneiden. Den Sauerrahm in eine Schüssel geben, den Schnittlauch unterrühren und den Dip mit Salz und Pfeffer würzen. Die Blätterteigtaschen aus dem Ofen nehmen und mit dem Sauerrahm-Dip servieren.

Achtung, die krümeln!

»NACH FEIERABEND GEHT KALTE KÜCHE SUPER.«

LACHSTATAR MIT SPARGEL UND MISOMAYO

ZUBEREITUNG: 25 MIN.

Für 2 Personen

300 g weißer Spargel
Meersalz
1 Bio-Limette
1 Stück Ingwer (ca. 2 cm)
½ rote Peperoni
Pflanzenöl zum Braten
2 TL Butter
100 ml trockenen Weißwein
1 EL Ahornsirup (oder Honig)
geröstete, gemahlene Koriandersamen
2–3 TL Sojasauce
240 g frisches Lachsfilet
2 EL Mayonnaise
½ TL Misopaste

1. Den Spargel schälen und die Enden ca. 1–2 cm abschneiden. Die Stangen der Länge nach vierteln (bei dünnen Stangen halbieren), dann quer halbieren und salzen. Die Limette heiß waschen und abtrocknen, die Schale fein abreiben und den Saft auspressen. Den Ingwer schälen und fein hacken. Die Peperoni waschen, putzen, entkernen und fein hacken.

2. Die Spargelstifte mit etwas Öl in eine Pfanne geben und bei mittlerer Hitze goldbraun anbraten. Wenn sie Farbe haben, die Butter zugeben und 2–3 Min. mitbraten. Dann alles mit Weißwein ablöschen und den Ahornsirup zugeben. Den Spargel vom Herd nehmen und nochmal lecker mit etwas Limettensaft, Salz, Koriander und Sojasauce abschmecken.

3. Den Lachs von Gräten und Haut befreien und in ca. 0,7 cm große Würfel schneiden. Dann mit Limettenabrieb und dem restlichen Limettensaft, Salz, Peperonistückchen, 2–3 TL Sojasauce, etwas Koriander und dem gehackten Ingwer mischen.

4. Die Mayonnaise mit der Misopaste cremig rühren.

5. Den Spargelsalat auf 2 Teller verteilen, die geschmolzene Butter darüberträufeln. Das Lachstatar auf dem Teller anrichten und die Misomayo in kleinen Tupfen dazusetzen.

ZACHERLS MATJES MIT KARTOFFELECKEN

ZUBEREITUNG: 20 MIN.

Für 2 Personen

400 g TK-Kartoffelecken
1 Apfel
2 Essiggurken + 2 EL Gurkensud
3 EL eingelegte Silberzwiebeln (oder frische Zwiebel)
150 g Naturjoghurt
75 g Schmand
3–4 Stängel Zitronenmelisse
4 Matjesfilets
1 EL geröstete, gesalzene Erdnüsse

1. Die Kartoffelecken auf einem mit Backpapier belegten Blech im Ofen nach Packungsanweisung knusprig backen.

2. Den Apfel waschen, vierteln, vom Kerngehäuse befreien und in kleine Würfel schneiden. Die Gurken in kleine Würfel schneiden. Die Silberzwiebeln halbieren.

3. Apfel- und Gurkenwürfel mit den Zwiebeln in einer Schüssel mischen, Joghurt und Schmand unterrühren. Die Sauce mit Salz. Zucker und Pfeffer würzen und den Gurkensud dazugeben.

4. Die Zitronenmelisse waschen, trockenschütteln, die Blättchen abzupfen und fein hacken. Die Matjesfilets auf 2 Teller verteilen, mit der Joghurtsauce überziehen und die Melisse und die Erdnüsse darüber streuen. Mit den knusprigen Kartoffelecken servieren.

Ich liebe die Kombi!

CEVICHE VOM KABELJAU MIT SÜSSKARTOFFEL

ZUBEREITUNG: 30 MIN.

Für 2 Personen

- ½ Bio-Limette
- 300 g Süßkartoffel
- Meersalz
- geröstete, gemahlene Koriandersamen
- 1 EL Chilisauce
- 4 EL bestes Olivenöl
- 200 g Kabeljaufilet in Sushi-Qualität (oder Rotbarsch, Zander ...)
- ½ Avocado
- 2 Peperoni
- ⅓ rote Zwiebel
- Zucker
- Essig
- 2–3 Stängel Koriandergrün

1. Den Ofen auf 170° (Umluft) vorheizen. Die Limette heiß waschen, abtrocknen, die Schale fein abreiben und den Saft auspressen. Die Süßkartoffel schälen und in 4 gleich große Scheiben schneiden. Die Oberfläche kreuzförmig einschneiden und mit Meersalz, Koriander, Chilisauce, 1 EL Olivenöl und 1 EL Limettensaft marinieren. Die Scheiben auf ein mit Backpapier belegtes Blech legen und im heißen Ofen (Mitte) ca. 20 Min. garen.

2. Inzwischen den Fisch abtupfen und in 0,3 cm dicke Streifen schneiden, mit 2 EL Limettensaft, 3 EL Olivenöl und Limettenabrieb marinieren und ca. 10 Min. kalt stellen.

3. Die Avocado entkernen, das Fruchtfleisch mit einem Löffel herauslösen und fein würfeln. Die Peperoni waschen, putzen, entkernen und ganz fein würfeln. Beides unter den Fisch heben.

4. Die Zwiebel schälen und dünn schneiden oder hobeln, dann mit etwas Salz, Zucker und Essig marinieren. Den Koriander waschen und trockenschütteln, die Blättchen abzupfen und fein hacken.

5. Ist die Süßkartoffel weich, auf 2 Teller verteilen, den Fisch darüber geben, mit Zwiebel und Koriander garnieren.

KARTOFFEL-LACHS-SCHNITTCHEN

ZUBEREITUNG: 20 MIN.

Für 2 Personen

- 2 gekochte Kartoffeln (gibt's im Supermarkt: Folienkartoffel)
- Pflanzenöl zum Braten
- Salz
- 100 g Schmand
- 1 EL TK-Schnittlauch
- 2 TL Meerrettich (aus dem Glas)
- 1–2 EL Zitronensaft
- schwarzer Pfeffer
- Zucker
- 200 g Räucherlachs

1. Die Kartoffeln in etwas dickere Scheiben schneiden. Etwas Öl in einer Pfanne erhitzen und die Kartoffelscheiben darin goldbraun braten, dabei etwas salzen. Dann auf Küchenpapier entfetten.

2. Während die Kartoffeln braten, den Schmand mit dem Schnittlauch, Meerrettich, Zitronensaft, etwas Salz, Pfeffer und Zucker vermischen und lecker abschmecken.

3. Sind die Kartoffeln fertig, je eine Scheibe Räucherlachs als Rose darauflegen, in die Mitte je 1 TL Schmandcreme geben. Wer mag, serviert einen knackigen Blattsalat zu den Schnittchen.

Dazu darf es prickeln im Glas.

SEELEN WÄRMER

Tröstende Rezepte für ein wohliges Gefühl nach stressigen Tagen

CAPPUCCINO VON KARTOFFEL UND WURZELGEMÜSE

ZUBEREITUNG: 30 MIN.

Für 2 Personen

1 Zwiebel
2 Knoblauchzehen
250 g Wurzelgemüse je nach Saison (Möhre, Sellerie, Petersilienwurzel ...)
250 g mehlig kochende Kartoffeln
100 g geräucherter Bauchspeck
Pflanzenöl zum Braten
Meersalz
schwarzer Pfeffer
1 l Gemüsebrühe
1 Apfel
3–4 Zweige Majoran
frisch geriebene Muskatnuss
Essig
200 ml Milch (3,5 % Fett)

1. Zwiebel, Knoblauch, Gemüse und Kartoffeln schälen und mit dem Speck in ca. 1 cm große Stücke schneiden.

2. Etwas Öl in einem Topf erhitzen. Zuerst die Zwiebel anschwitzen, bis sie schön glasig ist. Dann Knoblauch, Speck und das restliche Gemüse dazugeben und kurz mit anschwitzen. Alles salzen und pfeffern, dann die Brühe angießen und einmal aufkochen. Anschließend die Hitze zurücknehmen und die Suppe bei schwacher Hitze ca. 20 Min. köcheln lassen.

3. Den Apfel waschen, vierteln und entkernen, dann in kleine Würfel schneiden. Die Milch in einem Topf heiß werden lassen (Achtung, sie darf aber nicht kochen!). Den Majoran waschen, trockenschütteln und die Blättchen abzupfen.

4. Wenn das Gemüse weich ist, die Suppe pürieren. Die Apfelwürfel und den Majoran unterrühren, dann die Suppe mit Salz, Pfeffer, Muskatnuss und einem Spritzer Essig abschmecken. Zum Servieren in große Tassen füllen. Die Milch mit einem Pürierstab aufschäumen und den Schaum auf den Suppenportionen verteilen.

Mein Vorrats-Dreh

Ich koche meist das doppelte Rezept. Die Hälfte kommt noch kochend in spülmaschinensaubere Schraubgläser, direkt verschließen und abkühlen lassen. Im Kühlschrank ist die Suppe so 2 Monate haltbar.

BLITZ-EINTOPF

ZUBEREITUNG: 30 MIN.

Für 2 Personen

2 Zwiebeln
2 Knoblauchzehen
200 g festkochende Kartoffeln
Pflanzenöl zum Braten
2 TL edelsüßes Paprikapulver
3 TL Tomatenmark
1 EL Aceto balsamico
1 Msp. gemahlener Kümmel
3 TL getrockneter Majoran
700 ml Rinderfond aus dem Glas
2 rote Paprika
200 g grobe Schinkenknacker
Meersalz
schwarzer Pfeffer
frisch geriebene Muskatnuss
100 g Crème fraîche (oder Schmand)

1. Die Zwiebeln und den Knoblauch schälen, die Zwiebeln in Ringe, den Knoblauch in Scheiben schneiden. Die Kartoffeln schälen und in ca. 1,5 cm große Würfel würfeln.

2. Etwas Öl in einem Topf erhitzen. Zwiebeln und Knoblauch in den Topf geben und 4–5 Min. anbraten. Paprikapulver und 2 TL Tomatenmark zugeben und 1 Min. anrösten. Dann alles mit Aceto balsamico ablöschen, Kümmel, Majoran und Chilischote dazugeben. Mit Rinderfond aufgießen und diesen einmal aufkochen lassen. Dann die Hitze zurückschalten und den Eintopf bei niedriger Hitze ca. 20 Min. köcheln lassen.

3. Inzwischen die Paprika waschen, halbieren und von Kernen und weißen Trennhäuten befreien. Anschließend in ca. 2 cm große Stücke schneiden. Die Wurst ebenfalls in mundgerechte Stücke schneiden. Beides die letzten 10 Min. im Topf mitgaren. Wenn die Kartoffeln weich sind, den Eintopf ordentlich mit Salz, Pfeffer und Muskatnuss abschmecken. Anschließend mit ein paar Klecksen Crème fraîche servieren.

Mein No-Waste-Dreh

Bei diesem Eintopf unbedingt den Kühlschrank aufräumen: Fleisch- oder Wurstreste machen den Eintopf gehaltvoller und man muss nichts wegwerfen.

QUARKBULETTEN MIT SPINATCREME

ZUBEREITUNG: 30 MIN.

Für 2 Personen

Für die Buletten

250 g Quark
1 Ei (M)
1 Msp. Backpulver
Meersalz
frisch geriebene Muskatnuss
gemahlener Koriander
Chilisauce
80 g Knödelbrot (oder Weißbrot vom Vortag)
3 Stängel Liebstöckel
Pflanzenöl zum Braten
2 TL Butter

Für die Spinatcreme

8 große Radieschen
2 TL Apfelessig
Zucker
Meersalz
40 g mehligkochende Kartoffeln
1 Knoblauchzehe
100 ml Gemüsebrühe
120 g Blattspinat
60 g Butter
schwarzer Pfeffer
frisch geriebene Muskatnuss

1. Den Quark mit Ei und Backpulver verrühren und die Masse kräftig mit Salz, Muskatnuss, Koriander und etwas Chilisauce würzen. Das Knödelbrot in eine Schüssel geben, die Masse darübergießen und mind. 30 Min. ziehen lassen.

2. Die Radieschen waschen, putzen und vierteln. Den Essig mit je ½ TL Zucker und Salz erwärmen, dann über die Radieschen gießen. Bis zum Servieren ziehen lassen.

3. Die Kartoffeln und Knoblauch schälen und in kleine Würfel schneiden. Mit der Gemüsebrühe einmal aufkochen, dann bei kleiner Hitze in ca. 12 Min. weichkochen.

4. Den Ofen auf 160° vorheizen. Den Liebstöckel waschen, trockenschütteln und fein hacken, dann kurz unter die Bulettenmasse kneten. Aus der Masse 8 kleine Buletten formen. Dann etwas Öl in einer beschichteten Pfanne erhitzen und die Buletten bei mittlerer Hitze von beiden Seiten goldbraun anbraten. Wenn sie leicht Farbe haben, die Butter in die Pfanne geben und die Pfanne noch für ca. 18 Min. in den heißen Ofen (Mitte) stellen.

5. Den Spinat verlesen, waschen, trockenschleudern und in die heiße Kartoffelbrühe geben. Diese noch einmal aufkochen, dann fein pürieren und die Butter untermixen. Alles mit Salz, Pfeffer und Muskat abschmecken. Buletten und Püree auf Tellern anrichten, die Radieschen dazugeben und guten Appetit!

ZACHERLS KARTOFFELPÜREE MIT BLATTSPINAT

ZUBEREITUNG: 30 MIN.

Für 2 Personen

400 g mehligkochende Kartoffeln
Meersalz
5 Knoblauchzehen
70 ml Milch
70 g Butter
1 kleine Schalotte
30 g durchwachsener Speck
½ Bund Schnittlauch
300 g frischer Spinat
1 EL Pflanzenöl
frisch geriebene Muskatnuss
Zucker

1. Die Kartoffeln schälen, in grobe Stücke schneiden und in reichlich Salzwasser in 18–20 Min. weich garen. Inzwischen den Knoblauch schälen und 4 Zehen die letzten 10 Min. mit den Kartoffeln kochen. Dann das Wasser abgießen, alles kurz ausdampfen lassen. Anschließend Kartoffeln und Knoblauch zweimal durch die Kartoffelpresse drücken. Die Milch erwärmen, 60 g Butter darin schmelzen und beides unter die Kartoffeln rühren. Leicht salzen.

2. Die Schalotte schälen und mit dem Speck in kleine Würfel schneiden. Die restliche Knoblauchzehe fein hacken. Den Schnittlauch waschen, trockenschütteln und in feine Röllchen schneiden. Den Spinat verlesen, waschen und trockenschleudern.

3. Die restlichen 10 g Butter in einer Pfanne erhitzen, den Speck darin bei mittlerer Hitze 1–2 Min. anbraten. Die Hälfte der Schalotten zugeben und weitere 1–2 Min. braten. Dann die Schalotten-Speck-Mischung mit dem Schnittlauch unter das fertige Püree rühren und bis zum Servieren warm stellen.

4. In der Speckpfanne nun die restlichen Schalottenwürfel mit dem restlichen Knoblauch im Pflanzenöl anbraten. Haben die Schalotten leicht Farbe, den Spinat dazugeben, mit Salz, Muskatnuss und 1 Msp. Zucker würzen und zusammenfallen lassen. Das Kartoffelpüree mit dem Spinat auf Tellern anrichten und mit dem Schnittlauch bestreut servieren.

ZACHERLS TORTILLA

ZUBEREITUNG: 30 MIN.

Für 2 Personen

400 g Kartoffeln
1 Zwiebel
4 EL Olivenöl
frisch geriebene Muskatnuss
gemahlener Koriander
Meersalz
schwarzer Pfeffer
1 TL Currypulver
4 Eier (M)
½ Bund Petersilie
2 EL Oliven (ohne Stein)
1 EL getrocknete Tomaten
60 g geriebener Hartkäse (z. B. Parmesan, alter Bergkäse)

1. Für die Tortilla den Ofen 160° (Umluft) vorheizen. Die Kartoffeln schälen und ca. 1 cm groß würfeln. Die Zwiebel schälen und klein würfeln. Die Kartoffeln mit 3 EL Olivenöl in eine beschichtete, feuerfeste Pfanne geben und mit Muskatnuss, Koriander, Salz und Pfeffer würzen. Die Pfanne in den heißen Ofen (Mitte) schieben und die Kartoffeln in ca. 15 Min. goldbraun braten. Dabei nach ca. 8 Min. die Zwiebel und das Currypulver dazugeben. Danach ab und zu mit einem Spatel umrühren.

2. Inzwischen die Eier in eine Schüssel aufschlagen und verquirlen. Die Petersilie waschen, trockenschütteln, die Blättchen abzupfen und hacken. Die Oliven und die getrockneten Tomaten klein würfeln. Käse, Oliven, Tomaten und Petersilie zu den Eiern geben und die Masse mit Salz, etwas Chilisauce und Pfeffer würzen.

3. Nach 15 Min. Backen die Temperatur im Ofen auf 180° erhöhen. Die restlichen 2 EL Öl in die Pfanne geben, die Eiermasse über die Kartoffeln gießen und einmal umrühren. Dann die Tortilla in ca. 5–8 Min. fertig backen. Aus dem Ofen nehmen, kurz ruhen lassen. Dann die Tortilla stürzen und in Tortenstücke schneiden. Dazu passt ein knackiger Gemüse- oder Blattsalat.

OFENBLUMENKOHL
mit Kartoffel-Oliven-Stampf

ZUBEREITUNG: 20 MIN. | GAREN: 50 MIN.

Für 2 Personen

1 kleiner Blumenkohl (ca. 500 g)
1 EL Olivenöl
1 TL Meersalz
Zucker
Kreuzkümmel
1 Zwiebel
2 Knoblauchzehen
400 g mehligkochende Kartoffeln
400 ml Gemüsebrühe
10 Kirschtomaten
70 g schwarze Oliven (ohne Stein)
3 EL bestes Olivenöl
frisch geriebene Muskatnuss

1. Den Ofen auf 160° (Umluft) vorheizen. Vom Blumenkohl die äußeren Blätter entfernen, die hellgrünen in kaltes Wasser legen. Den Strunk soweit möglich abschneiden und den Blumenkohl waschen. Dann den Blumenkohl in eine Auflaufform geben, mit 1 EL Olivenöl beträufeln und mit Salz, Zucker und 1 Msp. Kreuzkümmel würzen.

2. Zwiebel, Knoblauch und Kartoffeln schälen und in ca. 2 cm große Würfel schneiden, zum Blumenkohl geben. Die Gemüsebrühe angießen und alles im heißen Ofen (Mitte) ca. 50 Min. garen (falls der Blumenkohl noch zu fest ist, ein bisschen weitergaren).

3. Die Tomaten waschen, halbieren und salzen. Die Blumenkohlblätter abgießen, trockenschleudern und in feine Streifen schneiden.

4. Sobald der Blumenkohl fertig ist, mit den Tomaten auf einem Teller anrichten und kurz warm stellen. Zwiebel, Knoblauch und Kartoffeln durch ein Sieb gießen, die Brühe beiseitestellen. Das Gemüse in einen Topf geben, 3 EL Olivenöl und 1 Prise Muskatnuss zugeben und alles zu einem stückigen Kartoffelstampf stampfen (dabei evtl. etwas von der Brühe zugeben), dann die Oliven unterheben.

5. Den Stampf nochmal lecker abschmecken, um den Blumenkohl anrichten, die Blumenkohlblätter darüber streuen und: guten Appetit. Ich esse dazu am liebsten einen Gurkensalat mit schönem Joghurtdressing.

Ralf kocht Kette

Bei uns bleibt öfter etwas vom Blumenkohl über. Das einfach zum restlichen Schmorfond geben und abgedeckt im Kühlschrank lagern – er hält sich ca. 1 Woche und zieht dabei nochmal durch.

>> BLUMENKOHL-SUPPE

Bei Bedarf (also bei Hunger!) den Blumenkohl in einen Topf geben, mit ca. **200 ml Kokosmilch (oder Sahne)** auffüllen, einmal aufkochen und ca. 10 Min. köcheln lassen. Dann fein mixen und mit **Salz, Muskat** und **1 Spritzer Zitronensaft** lecker abschmecken. Fertig ist die Blumenkohlsuppe – sie schmeckt mir am besten mit **Croûtons**.

SCHAFSKÄSE IM PARMA-MANTEL

ZUBEREITUNG: 30 MIN.

Für 2 Personen

3 faustgroße, festkochende Kartoffeln (ca. 600 g)
Meersalz
schwarzer Pfeffer
50 ml Olivenöl + mehr zum Braten
1 Bund Basilikum
4 EL Pinienkerne
2 Knoblauchzehen
150 ml Crème fraîche
Zucker
200 g Schafskäse (Feta)
1 EL getrocknete italienische Kräuter
4 dünne Scheiben Parmaschinken

1. Die Kartoffeln schälen, grob reiben und mit etwas Salz und Pfeffer würzen. Die Masse in vier Portionen teilen. In einer Pfanne etwas Öl erhitzen, die Portionen in die Pfanne geben und etwas flach drücken. Von beiden Seiten goldbraun und knusprig braten. Mit der Hitze gegen Ende aufpassen, da sonst die Kartoffeln leicht zu dunkel werden. Anschließend auf einem Küchentuch entfetten und im Backofen bei ca. 100° warmhalten.

2. Das Basilikum waschen und trockenschütteln, die Blättchen abzupfen. Die Pinienkerne in einer Pfanne ohne Fett anrösten, bis sie duften. Den Knoblauch schälen. Basilikum, Pinienkerne, 1 Knoblauchzehe, Olivenöl und die Crème fraîche in einem Mixbecher cremig pürieren. Mit Salz, Pfeffer und etwas Zucker abschmecken.

3. Den Schafskäse halbieren, die Stücke dann nochmal quer halbieren. Mit Salz und Pfeffer leicht würzen, mit den Kräutern bestreuen. Die restliche Knoblauchzehe in hauchdünne Scheiben schneiden. Auf jedes Stück Käse zwei Scheiben Knoblauch legen, dann die Käsestücke jeweils in eine Scheibe Parmaschinken einpacken. Etwas Öl in einer Pfanne erhitzen und die Schafskäsepäckchen bei mittlerer Hitze vorsichtig von beiden Seiten braten.

4. Die fertigen Rösti auf Teller geben, die Käsestücke draufsetzen und alles mit der Pestocreme garnieren.

FALAFELN UND BABA GHANOUSH

EINWEICHEN: 24 STD. | ZUBEREITUNG: 30 MIN.

Für 2 Personen

Für die Falafeln

160 g getrocknete Kichererbsen
1 Zwiebel
1 Knoblauchzehe
¼ grüne Paprika
½ Bund glatte Petersilie
½ Koriandergrün
1 TL Koriandersamen
1 TL Kreuzkümmelsamen
1 Msp. Chilipulver
40 g Sesamsaat
Meersalz
Pflanzenöl zum Frittieren

Für die Auberginencreme

400 g Auberginen
½ Bio-Zitrone
1 EL frisch geschnittene Minze
1 EL frisch geschnittene Petersilie
2 TL Sesampaste (Tahin)
1–2 EL kalt gepresstes Olivenöl
Meersalz
schwarzer Pfeffer

1. Die Kichererbsen in reichlich Wasser mind. 24 Std. wässern.

2. Für die Creme den Ofen auf 240° (Umluft) vorheizen. Die Auberginen waschen, mit einer Gabel mehrfach einstechen. Im heißen Backofen (Mitte) ca. 20–25 Min. garen, dabei öfter wenden.

3. Für die Falafeln Zwiebel und Knoblauch schälen und würfeln. Die Paprika waschen, von Kernen und weißen Trennwänden befreien und ebenfalls würfeln. Die Kräuter waschen, trockenschütteln, abzupfen und grob schneiden. Die Kreuzkümmel- und Koriandersamen ohne Fett in einer Pfanne rösten und mörsern. Die Kichererbsen abgießen, auf einem Küchentuch gut trocknen. Dann mit Paprika, Zwiebel, Knoblauch, den Kräutern und Gewürzen, Salz sowie 20 g Sesam zu einem feinen und kompakten Teig mixen.

4. Die Zitrone heiß waschen und abtrocknen, die Schale fein abreiben und den Saft auspressen. Die Kräuter waschen und trockenschütteln, abzupfen und fein hacken. Die Auberginen aus dem Ofen nehmen und halbieren. Das Fruchtfleisch mit einem Löffel herauslösen, mit Tahin, Salz, Zitronenabrieb und -saft zerdrücken, die Kräuter unterheben und abschmecken.

5. Die restlichen 20 g Sesam auf einen flachen Teller geben. Aus dem Falafelteig walnussgroße Bällchen formen, im Sesam wenden. Dann ca. 3 cm hoch Pflanzenöl in einer Pfanne erhitzen. Wenn an einem hineingehaltenen Holzlöffel kleine Bläschen aufsteigen, ist es heiß genug. Die Falafeln im heißen Öl goldbraun backen, auf einem Küchentuch entfetten und mit Auberginencreme servieren.

»FÜR ALLE, DIE LIEBER WAS WARMES IM BAUCH HABEN«

GERÖSTETER BROKKOLI AUF LINSENCREME

ZUBEREITUNG: 30 MIN.

Für 2 Personen

2 kleine Zwiebeln
2 Knoblauchzehen
1 Stück Ingwer (ca. 1 cm)
1 Stück Kurkuma (ca. 1 cm)
1 TL gemahlener Kreuzkümmel
2 TL natives Kokosöl
200 g rote Linsen
400 g stückige Tomaten (aus der Dose)
100 g Kokosmilch
½ Bio-Limette
Chilipulver
Zimtpulver
Honig
4 EL Sojasauce
1 Brokkoli
Meersalz
2 EL Olivenöl

1. Zwiebeln, Knoblauch, Ingwer und Kurkuma schälen (beim Kurkuma am besten Einweghandschuhe tragen, der färbt wie der Teufel), dann alles in dünne Scheiben schneiden. Den Kreuzkümmel in einen Topf geben und erhitzen bis er duftet. Dann zuerst das Kokosöl, dann Zwiebeln, Ingwer, Knoblauch und Kurkuma zugeben. Kurz anschwitzen, salzen und die Linsen, Tomaten und Kokosmilch in den Topf geben. Die Hitze reduzieren und die Linsen bei schwacher Hitze mit Deckel in ca. 15 Min. weich schmoren, währenddessen ab und zu umrühren.

2. Inzwischen die Limette heiß waschen und abtrocknen, dann die Schale fein abreiben und den Saft auspressen. Die Linsen cremig pürieren und mit Chili, etwas Zimt, Limettenabrieb und -saft, etwas Honig und 2 EL Sojasauce würzen.

3. Den Brokkoli waschen und putzen, dann in größere Röschen teilen und mit etwas Salz und Zucker bestreuen. Das Olivenöl in einer Pfanne erhitzen und den Brokkoli darin bei mittlerer Hitze in ca. 8–12 Min. goldbraun und bissfest braten. Den fertigen Brokkoli mit den restlichen 2 EL Sojasauce ablöschen, dann mit der Linsencreme auf 2 Tellern anrichten und los!

Mein Topping-Dreh

Kleine Schafskäsewürfel, fein geschnittene Chilischote oder frische Kräuter schmecken hammermäßig on top.

PICCATA VOM KÜRBIS MIT TOMATEN-TAGLIOLINI

ZIEHEN: 30 MIN. | ZUBEREITUNG: 30 MIN.

Für 2 Personen

300 g Muskat-Kürbis (oder Butternuss-Kürbis)
70 g Parmesan
1 Ei (M)
75 g Sahne
2–3 EL Mehl
Chilipulver
schwarzer Pfeffer
300 g Kirschtomaten
1 EL Olivenöl
1 Knoblauchzehe
Meersalz
100 ml Orangensaft
250 g Tagliolini
Pflanzenöl zum Braten

1. Als erstes den Kürbis von Schale und Kernen befreien, dann in ca. 4 mm dicke Scheiben schneiden. Diese auf Küchenpapier legen, kräftig salzen und ca. 30 Min. ziehen lassen.

2. Den Parmesan reiben. Dann Parmesan, Ei, Sahne und 1 EL Mehl in einer kleinen Schüssel verrühren, den Teig mit Chili und Pfeffer würzen. Den restlichen EL Mehl auf einen flachen Teller geben.

3. Die Tomaten waschen und mit dem Olivenöl in eine kleine Pfanne geben. Bei mittlerer Hitze braten, bis sie platzen. Den Knoblauch mit einem Messer oder dem Handballen leicht andrücken und zu den Tomaten geben. Mit Orangensaft ablöschen, salzen und pfeffern, abdeckt ca. 15 Min. bei schwacher Hitze schmoren lassen.

4. Inzwischen die Nudeln in reichlich Salzwasser nach Packungsanweisung bissfest garen. Das Pflanzenöl ca. 1 cm hoch in einer großen, beschichteten Pfanne erhitzen. Die Kürbisscheiben trockentupfen, dann zuerst im Mehl wenden, anschließend im Käseteig wenden. Die Kürbisscheiben im heißen Fett bei mittlerer Hitze von jeder Seite goldbraun braten.

5. Die Nudeln abgießen und zu den Tomaten in die Pfanne geben. Einmal schwenken, dann die Nudeln auf 2 Pastateller verteilen. Die Kürbispiccata auf Küchenpapier entfetten, auf die Nudeln setzen und sofort servieren. Richtig gut dazu passen geröstete Kürbiskerne oder zerstoßene Kaffeebohnen.

RISOTTO UND CORNED BEEF

ZUBEREITUNG: 30 MIN.

Für 2 Personen

1 Stange Staudensellerie
Meersalz
Zucker
100 g Corned Beef
1 Schalotte
1 Knoblauchzehe
120 g Baby-Blattspinat
30 g Parmesan
1 EL Olivenöl
125 g Risottoreis (z. B. Arborio)
100 ml Weißwein
600 ml Geflügelfond (oder Gemüsefond)
2 EL Pinienkerne
2 EL Butter
schwarzer Pfeffer

1. Den Sellerie waschen und putzen, von groben Fasern befreien und in Stücke schneiden. Mit Salz und Zucker würzen. Das Corned Beef in ca. 1 cm große Würfel schneiden. Die Schalotte schälen und fein würfeln, den Knoblauch mit einem Messer oder dem Handballen leicht andrücken. Den Spinat verlesen, waschen und trockenschleudern, den Parmesan grob reiben.

2. Das Olivenöl in einem Topf erhitzen, Schalotte und Knoblauch darin anschwitzen, bis die Schalotte glasig ist. Etwas salzen, den Reis zugeben und alles mit Weißwein ablöschen. Wenn der Wein verkocht ist, den heißen Fond angießen, sodass der Reis bedeckt ist. Den Reis bei mittlerer Hitze und unter ständigem Rühren in ca. 17 Min. garen. Dabei immer mit Fond nachgießen. Nach ca. 12 Min. Kochzeit den Sellerie zum Risotto geben.

3. Wenn der Risotto noch leicht Biss hat, Spinat, Parmesan, zwei Drittel vom Corned Beef und die Butter unterrühren. Den Knoblauch herausnehmen und das Risotto mit Salz und Pfeffer abschmecken. Dann auf Teller verteilen, das restliche Corned Beef und die Pinienkerne darüber verteilen und los geht es!

Mein Alternativen-Dreh

Statt Corned Beef schmeckt das Risotto auch mit Schinken, Speck, Lachs oder Räuchertofu. Einfach mal durchprobieren …

HOT CHICK mit Hokkaidokürbis

ZUBEREITUNG: 30 MIN.

Für 2 Personen

1 Msp. Zimtpulver
2 TL Currypulver
1 Msp. Cayennepfeffer
1 TL Paprikapulver
4 Hühnerkeulen
1 Zwiebel
4 Knoblauchzehen
1 Stück Ingwer (ca. 1 cm)
300 g reife Tomaten
Meersalz | schwarzer Pfeffer
½ Hokkaido-Kürbis
1 Bio-Limette
½ Bund Koriandergrün (oder Dill)

Außerdem

1 kleiner Schmortopf

1. Den Ofen auf 170° (Umluft) vorheizen. Zimt, Curry, Cayennepfeffer und Paprikapulver in einer kleinen Schüssel mischen. Die Hühnerkeulen abtupfen, salzen und mit zwei Dritteln der Gewürzmischung würzen. Dann mit der Hautseite nach oben eng in einen Schmortopf legen. Zwiebel, Knoblauch und Ingwer schälen. Die Zwiebel in grobe Stücke, Knoblauch und Ingwer in Scheiben schneiden. Die Tomaten waschen und ebenfalls in grobe Stücke schneiden, dabei den Strunk entfernen. Alles in den Schmortopf geben, mit Salz und Pfeffer würzen und mit Deckel für ca. 40 Min. in den heißen Ofen (Mitte) schieben.

2. Inzwischen den Kürbis von außen waschen, halbieren und mit einem Löffel vom Kerngehäuse befreien. Dann in 4–6 Spalten schneiden, diese salzen und mit der restlichen Gewürzmischung würzen.

Nach Ablauf der 40 Min. die Temperatur im Ofen auf 190° erhöhen. Den Deckel vom Schmortopf nehmen und den Kürbis neben den Keulen platzieren. Ohne Deckel ca. 30 Min. weitergaren, bis die Keulen goldbraun sind und sich das Fleisch leicht vom Knochen löst.

3. Die Limette heiß waschen und abtrocknen, die Schale fein abreiben und den Saft auspressen. Den Koriander waschen und trockenschütteln, die Blätter abzupfen und grob hacken. Alles vor dem Servieren unter das Schmorgericht heben.

...Möglichkeit 1

>> SCHMOR-HÄHNCHEN MIT PASTA

200 g Bandnudeln in reichlich Salzwasser bissfest kochen. **1 kleine Zwiebel** schälen und fein würfeln, dann in etwas Olivenöl glasig dünsten. **1 Dose stückige Tomaten (400 g)** und das Hähnchenfleisch zugeben und etwas köcheln lassen. Mit **Salz** und **Pfeffer** abschmecken. Die Nudeln abgießen und unterheben.

Ralf kocht Kette

Wenn eine Keule übrigbleibt, das Fleisch sorgfältig abzupfen und ab in den Kühlschrank damit. Gut verschlossen bleibt es ca. 1 Woche lang frisch und schmeckt warm oder kalt.

...Möglichkeit 2

>> HÄHNCHEN-CROSTINI

½ **Baguette** in ca. 2 cm breite Streifen schneiden. Mit etwas **Olivenöl** bestreichen und im heißen Ofen ca. 5 Min. antoasten. Das Baguette mit **Hummus (oder Auberginencreme)** bestreichen, das gezupfte Hähnchenfleisch auf den Baguettescheiben verteilen. Die Crostini mit grünen Salat servieren.

GLASIERTE ENTENBRUST AUF ROSMARINPOLENTA

ZUBEREITUNG: 15 MIN. | GAREN: 14 MIN.

Für 2 Personen

2 weibliche Entenbrüste
schwarzer Pfeffer
geröstete, gemahlene Koriandersamen
300 ml Milch
Meersalz
frisch geriebene Muskatnuss
2 TL getrockneter Rosmarin
30 g Instant-Polenta
2 TL Aprikosenkonfitüre
2 EL geröstetes Sesamöl
40 g Parmesan
2 EL bestes Olivenöl

1. Den Backofen auf 140° vorheizen. Die Entenbrüste vom überschüssigen Fett befreien, die Haut rautenförmig leicht einschneiden. Dann das Fleisch mit Pfeffer und Koriander würzen und auf der Hautseite in eine kalte Pfanne legen. Die Pfanne erhitzen, bis die Brüste knusprig angebraten sind – das dauert je nach Herd 5–15 Min.. Dann die Brüste auf ein Backofengitter setzen und ca. 12 Min. in den heißen Backofen (Mitte) schieben.

2. Inzwischen die Milch aufkochen, mit Salz, Muskatnuss und Rosmarin würzen. Die Polenta einrühren, die Hitze reduzieren und die Polenta ca. 8 Min. quellen lassen.

3. Die Konfitüre erwärmen, mit dem Sesamöl verrühren und die Hautseite der Entenbrüste einpinseln. Den Ofen auf Grillstufe stellen und die Entenbrüste 1–2 Min. gratinieren, herausnehmen und kurz ruhen lassen. Inzwischen den Käse grob reiben, mit dem Olivenöl unter die Polenta rühren. Falls die Polenta zu dick ist, noch etwas mehr Milch einrühren.

4. Die Polenta anrichten. Die Ente zum Servieren in Streifen schneiden, etwas salzen und auf die Polenta setzen. Den Saft darüberträufeln. Dazu passt gebratener Rosenkohl.

TANDOORI-HUHN *mit Gemüse*

ZUBEREITUNG: 50 MIN. | RUHEN: 10 MIN.

Für 2 Personen

2 TL Meersalz
1 TL Rohrzucker
2 TL Garam Masala
1 Maishuhn (ca. 1,6 kg)
2 Zwiebeln
2 Knoblauchzehen
2 Spitzpaprika
2 Zucchini (ca. 500 g)
400 g stückige Tomaten (aus der Dose)
½ Limette
1 Fladenbrot
4 EL natives Olivenöl

1. Den Backofen auf 180° (Umluft) vorheizen. Salz, Rohrzucker und das Tandooripulver mischen. Das Huhn mit der Hälfte der Gewürzmischung innen und außen kräftig einreiben, auf ein mit Backpapier belegtes Blech setzen und für ca. 40 Min. in den heißen Ofen (Mitte) schieben.

2. Die Zwiebeln und den Knoblauch schälen. Die Paprika halbieren, waschen, entkernen und von weißen Trennhäuten befreien. Die Zucchini waschen und putzen. Dann Paprika, Zucchini und Zwiebeln in ca. 2 cm große Würfel, den Knoblauch in Scheiben schneiden. Das Gemüse mit der restlichen Gewürzmischung mischen und nach ca. 15 Min. zum Huhn aufs Blech geben. Die stückigen Tomaten und 100 ml Wasser über dem Gemüse verteilen.

3. Inzwischen die Limette heiß waschen und abtrocknen, die Schale fein abreiben und den Saft auspressen. Das Fladenbrot leicht anfeuchten und für die letzten 10 Min. der Garzeit auf dem Grillrost in den Ofen schieben.

4. Nach Ablauf der Garzeit das Huhn 5–10 Min. ruhen lassen. Limettenschale und -saft sowie Olivenöl unter das Gemüse heben. Tandoori-Huhn mit Gemüse und Fladenbrot servieren.

Ralf kocht Kette

Die Geflügelkarkasse grob zerkleinern und in einen Topf geben. Das Schmorblech mit Wasser auffüllen, den Bratsatz lösen und zur Karkasse geben (die Karkasse sollte gerade so mit Wasser bedeckt sein). Alles einmal aufkochen, die Hitze reduzieren und ca. 30 Min. sieden lassen. Falls noch Gemüse im Kühlschrank übrig ist, gerne im Topf ziehen lassen. Den Fond über Nacht reifen lassen, am nächsten Tag einmal aufkochen und durch ein Sieb abgießen.

...Möglichkeit 1

>> HÜHNERFOND

Den Fond nochmals aufkochen, noch kochend in 1–2 spülmaschinensaubere Schraubgläser füllen und sofort verschließen. Der Fond ist gekühlt 2 Monate haltbar und die perfekte Basis für Suppen, Saucen oder Risotti.

...Möglichkeit 2

>> ASIATISCHE HÜHNER-SUPPE

Den Fond noch mal aufkochen. **1 EL fein geschnittenen Ingwer, 1 EL Misopaste (oder Sojasauce)** und **200 g klein geschnittenes Gemüse** (von Aubergine über Paprika bis zur Zuckerschote ist wirklich alles erlaubt) zugeben und für ca. 10 Min. ziehen lassen, dann nochmal abschmecken. Inzwischen **100 g Mie-Nudeln** kochen. Falls noch etwas Hühnerfleisch übrig ist, als Einlage dazu zupfen. Die Nudeln in die Suppe geben und servieren.

SCHMORGURKEN MIT RINDERHACK

ZUBEREITUNG: 25 MIN.

Für 2 Personen

250 g festkochende Kartoffeln
Meersalz
2 Schmorgurken (oder Salatgurken)
1 Zwiebel
Pflanzenöl zum Braten
200 g Rinderhack
2 Pimentkörner
1 EL edelsüßes Paprikapulver
2 TL Apfelessig
½ Dose stückige Tomaten (200 g)
schwarzer Pfeffer
2 EL Crème fraîche
2 EL TK-Dill

1. Die Kartoffeln schälen, je nach Größe halbieren und in einem Topf mit Salzwasser bedecken. Das Wasser zum Kochen bringen und die Kartoffeln in ca. 15 Min. weich kochen.

2. Die Gurken putzen und schälen, halbieren und mit einem Löffel die Kerne entfernen. Gurken in ca. 0,5 cm dicke Scheiben schneiden. Die Zwiebel schälen und klein würfeln.

3. Etwas Öl in einem Topf erhitzen, Hackfleisch und Zwiebelwürfel darin anbraten, bis das Hackfleisch schön kross ist. Dann die Gurken dazugeben und kurz mitbraten. Piment, Paprikapulver, etwas Salz und Pfeffer dazugeben und alles mit Essig ablöschen. Die Tomaten zugeben und alles ca. 8–12 Min. köcheln lassen.

4. Wenn die Gurken noch etwas Biss haben, Crème fraîche zugeben und die Sauce noch einmal abschmecken. Den Dill darüberstreuen und die Schmorgurken mit Salzkartoffeln servieren.

Mein Genuss-Dreh

Wenn es mal ein bisschen mehr sein darf, passt auf der Haut gebratener Fisch – z. B. Dorade, Zander oder Lachs – super zu den Schmorgurken. Oder noch schneller: einfach geräucherte Forelle.

KALBSRÜCKEN AUF SELLERIE-LIMETTEN-PÜREE

ZUBEREITUNG: 30 MIN. | GAREN: 60 MIN.

Für 2 Personen

Für den Kalbsrücken

2 Kalbsrückensteaks (á 180 g, oder Poulardenbrust, Rindersteaks ...)
Olivenöl
Meersalz
schwarzer Pfeffer
2 lila Möhren (oder Möhren)
Pflanzenöl zum Braten
3 Zweige Thymian
1 Knoblauchzehe
50 g Butter

Für das Püree

600 g Knollensellerie
1 Knoblauchzehe
Meersalz
200 ml Gemüsebrühe
1 Bio-Limette
frisch geriebene Muskatnuss
1 EL Crème fraîche

1. Den Ofen auf 70° vorheizen. Die Steaks abtupfen und mit Olivenöl einstreichen, dann mit Salz und Pfeffer würzen. Auf dem Grillrost im heißen Backofen (Mitte) ca. 60 Min. garen.

2. Inzwischen für das Püree Sellerie und Knoblauch schälen und in 2 cm große Stücke schneiden. Die Würfel in einen Topf geben, salzen, mit der Brühe auffüllen und mit einem Deckel bei mittlerer Hitze ca. 25 Min. weich schmoren, dabei ab und zu umrühren.

3. Wenn der Sellerie weich ist, durch ein Sieb streichen (oder fein pürieren). Die Limette heiß waschen und abtrocknen, die Schale fein abreiben und zum Püree geben. Das Püree mit Salz, Muskatnuss und Crème fraîche fertigstellen und warmhalten.

4. Die Möhren schälen, der Länge nach halbieren, mit Salz, Pfeffer und Zucker würzen. Den Thymian waschen und trockenschütteln, die Knoblauchzehe mit dem Handballen andrücken. Etwas Öl in einer Pfanne erhitzen und die Steaks von beiden Seiten je ca. 2–3 Min. scharf anbraten, beim Wenden die Möhren dazugeben. Die Steaks aus der Pfanne nehmen und warm stellen.

5. Die Butter mit Thymian und Knoblauchzehe zu den Möhren in die Pfanne geben, 1 Spritzer Limettensaft dazugeben und 3–4 Min. bei kleiner Hitze weiter braten. Das Püree auf warme Teller verteilen, die Steaks draufgeben und die Möhren darauf anrichten.

ASIA-SCHWEINEBAUCH

ZUBEREITUNG: 20 MIN. | GAREN: 3 STD.

Für 2 Personen

3 Zwiebeln
1 Stück Ingwer (ca. 1 cm)
3 Knoblauchzehen
1–2 rote Chilischoten
600 g Schweinebauch mit Schwarte (ohne Knochen oder Knorpel)
3 EL Fischsauce
3 EL Sojasauce
1 EL Honig
1 TL Meersalz

Außerdem

1 Schmortopf

1. Zwiebeln, Ingwer und Knoblauch schälen, die Zwiebeln grob würfeln. Die Chilis waschen und mit Ingwer und Knoblauch in dünne Scheiben schneiden. Den Schweinebauch bis auf die Schwarte rundherhum salzen, dann mit der Schwarte nach oben in einen großen Schmortopf legen.

2. Zwiebeln, Ingwer, Knoblauch und Chilis um das Fleisch herum verteilen. Fischsauce, Sojasauce und Honig ebenfalls in den Topf geben, Wasser angießen, sodass ca. 2 cm Flüssigkeit im Topf stehen. Den Topf mit Deckel für ca. 3 Std. bei 140° in den Backofen (Mitte) geben (Vorheizen ist hier nicht nötig).

3. Nach Ablauf der Garzeit das Fleisch aus der Form nehmen und mit der Schwarte nach oben auf ein Backblech geben. Den Backofen auf Grillstufe stellen und das Fleisch in den Ofen geben (Mitte), bis die Schwarte knusprig ist – das kann je nach Ofen 4–15 Min. dauern.

4. Inzwischen den Fond durch ein Sieb gießen, aufkochen und auf die Hälfte einkochen.

5. Das Fleisch mit der Schwarte nach unten in mundgerechte Stücke schneiden, dann mit der Schwarte nach oben in die Sauce geben. Den Schweinebauch mit Spinat oder Salat und Reis oder Kartoffeln servieren.

Ralf kocht Kette

Ich liebe diese Kombi aus scharf, süß, Soja und Fett einfach. Wenn was übrig bleibt, schmeckt der Schweinebauch auch am nächsten Tag oder in der folgenden Woche noch genial. Bis dahin luftdicht verpackt im Kühlschrank aufbewahren.

>> KLEINES SANDWICH

1 Fladenbrot im Backofen bei 100° knusprig aufgebacken. Das Fladenbrot aufschneiden und die Unterseite mit **150 g Kräuterquark** bestreichen, dann ca. **100 g Krautsalat (Fertigprodukt)** darüber verteilen. Den restlichen Schweinebauch in Scheiben schneiden und auf das Fladenbrot legen. Das Fleisch mit **Meerrettich (aus dem Glas)** bestreichen und die Oberseite auflegen. Das Fladenbrot in angenehme Stücke schneiden und los geht's!

Schweinelecker!

RINDERGULASCH

ZUBEREITUNG: 30 MIN. | GAREN: 4 STD.

Für 2 Personen

1 EL Pflanzenöl zum Anbraten
600 g Rindergulasch
500 g Zwiebeln
2 Knoblauchzehen
1 TL Meersalz
2 TL edelsüßes Paprikapulver
2 EL Tomatenmark
200 ml kräftiger Rotwein
½ Bio-Zitrone
½ TL Kümmel
½ TL Pfefferkörner
½ TL Quittengelee (oder Erdbeermarmelade, Honig ...)

Außerdem

Schmortopf mit Deckel

1. Den Backofen auf 140° vorheizen. Das Öl in einem Schmortopf erhitzen und das Fleisch von allen Seiten anbraten. Inzwischen die Zwiebeln und den Knoblauch schälen und grob würfeln. Beides zum Fleisch geben und 4–5 Min. mitbraten (falls das doppelte Rezept gekocht wird, das Fleisch zuerst fertig braten, aus dem Topf nehmen und die Zwiebeln danach braten, dann wieder zusammenführen). Dann alles mit Salz und Paprikapulver würzen, das Tomatenmark zugeben, nochmal 2–3 Min. mitbraten und mit Rotwein ablöschen. 150 ml Wasser zum Fleisch geben, Deckel drauf und den Schmortopf für ca. 4 Std. in den heißen Backofen (unten) schieben. Nach ca. 2 Std. das Fleisch einmal durchrühren.

2. Nach Ablauf der 4 Std. die Zitrone heiß waschen, abtrocknen und die Schale fein abreiben. Den Kümmel und die Pfefferkörner 2–3 Min. in einer Pfanne ohne Fett rösten, mörsern oder mahlen und mit Zitronenabrieb und Quittengelee zum Gulasch geben. Ich esse am liebsten Dinkelspätzle und einen grünen Salat dazu.

Mein Vorkoch-Dreh

Mit einer Garzeit von 4 Std. ist das bestimmt kein Quickie-Rezept. Aber das Gulasch kann man super am Abend vorher zubereiten – aufgewärmt schmeckt es sowieso fast noch besser.

DAS WÄHREND-DER-ARBEIT-OSSOBUCO

ZUBEREITUNG: 20 MIN. | GAREN: 9 STD.

Für 2 Personen

150 g Möhren
150 g Knollensellerie
2 Zwiebeln
2 Knoblauchzehen
2 Kalbsbeinscheiben (Ossobuco, à ca. 350 g, ca. 3 cm)
Meersalz
Pflanzenöl zum Braten
200 ml trockener Weißwein
320 g gehackte Tomaten (aus der Dose)
½ TL schwarze Pfefferkörner
½ Bio-Orange

Außerdem

Schmortopf mit Deckel

1. Möhren, Sellerie, Zwiebeln und Knoblauch schälen. Die Beinscheiben alle 3–4 cm ca. 2–3 mm tief einschneiden und mit Salz würzen. Etwas Öl in einem Schmortopf erhitzen und die Beinscheiben von beiden Seiten goldbraun anbraten. Währenddessen das Gemüse grob würfeln, zum Fleisch geben und 4–5 Min. mitbraten. Dann mit Weißwein ablöschen und die Tomaten und 100 ml Wasser angießen. Alles einmal aufkochen, dann den Schmortopf mit Deckel für ca. 9 Std. bei 110° in den Ofen (Mitte) schieben (Vorheizen ist hier nicht nötig. Wem das zu lange dauert, kann das Ganze ca. 4 Std. bei 140° schmoren, dann immer mal wieder die Flüssigkeit kontrollieren und ggf. etwas Wasser nachgießen).

2. Das Ossobuco ist fertig, wenn sich das Fleisch leicht vom Knochen löst. Währenddessen den Pfeffer mahlen. Die Orange heiß waschen und abtrocknen, die Schale fein abreiben. Pfeffer und Orangenschale zum Ossobuco geben. Die Sauce noch einmal mit etwas Salz abschmecken und los geht's! Dazu schmecken Nudeln, cremige Polenta, Salzkartoffeln oder auch Kartoffelpüree.

Mein Feierabend-Dreh

Das Ossobuco kocht sich wirklich ganz von selbst. Also den Wecker einfach 30 Min. früher stellen, das Ossobuco in den Ofen schieben, ab an den Schreibtisch und abends dann genießen.

GESCHMORTE OCHSENBÄCKCHEN

ZUBEREITUNG: 30 MIN. | GAREN: 3 STD.

Für 2 Personen

150 g Möhren
100 g Knollensellerie
150 g Schalotten
600 g Ochsenbäckchen
Meersalz
schwarzer Pfeffer
Pflanzenöl zum Braten
1 Knoblauchzehe
2 TL Tomatenmark
300 ml Rotwein
1 l roter Portwein
2 Lorbeerblätter
2 Zweige Thymian
4 Wacholderbeeren
2 Pimentkörner
20 g kalte Butter

1. Den Backofen auf 160° vorheizen. Möhren, Sellerie und Schalotten schälen und grob würfeln. Die Ochsenbacken etwas abtupfen, salzen und pfeffern. Dann etwas Öl in einer Pfanne erhitzen und das Fleisch von beiden Seiten goldbraun anbraten, herausnehmen.

2. Etwas Öl in einem Schmortopf erhitzen und das Gemüse darin mit etwas Salz und Pfeffer anschwitzen, bis die Schalotten glasig sind. Das Tomatenmark dazugeben und 2–3 Min. mitrösten. Dann mit Rotwein und Portwein ablöschen und ca. 3–4 Min köcheln lassen. Die Bäckchen zum Gemüse in den Schmortopf geben und so viel Wasser angießen, dass die Bäckchen zu zwei Dritteln bedeckt sind. Lorbeerblätter, Thymian, Wacholder und Piment in den Topf geben. Den Schmortopf mit Deckel für ca. 3 Std. in den heißen Ofen (Mitte) geben.

3. Die Bäckchen sind fertig, wenn sich eine Fleischgabel beim Anstechen wieder leicht aus dem Fleisch lösen lässt. Dann das Fleisch aus dem Topf nehmen, auf einen Teller geben und warm stellen. Den Fond durch ein feines Sieb gießen, aufkochen und auf zwei Drittel einkochen lassen – dabei immer wieder Schaum, der sich oben bildet, abnehmen. Anschließend mit einem Schneebesen die kalte Butter in die heiße Sauce einrühren. Die warmen Bäckchen mit der Sauce servieren.

Ralf kocht vor

Ich würde immer mindestens das doppelte Rezept kochen, denn die Bäckchen bleiben im Kühlschrank mind. 2 Wochen gut und schmecken aufgewärmt sogar noch ein bisschen besser.

>> CREMIGE POLENTA

Dazu mache ich dann eine schnelle Polenta: **400 ml Milch** in einem kleinen Topf aufkochen, **40 g Instant-Polenta** in einer Pfanne ohne Fett anrösten, dann in die kochende Milch einrühren. Etwas Wasser in die Pfanne geben, den Topf in die Pfanne stellen. Die Pfanne bei schwacher Hitze auf den Herd stellen, das Wasser sollte kurz vor dem Kochen sein. Die Polenta ziehen lassen, dabei alle 3–4 Min. rühren. Wenn die Polenta schön cremig ist, **30 g geriebenen Parmesan** und **2 EL Olivenöl** einrühren. Dann die Polenta mit **Meersalz, frisch geriebener Muskatnuss** und **Pfeffer** abschmecken.

LAMM MIT AUBERGINE

ZUBEREITUNG: 30 MIN.

Für 2 Personen

1 Aubergine (ca. 300 g)
Meersalz
1 rote Spitzpaprika
300 g Lammrücken (oder Lammhüfte)
4 EL Olivenöl
1 Dose Kichererbsen (280 g Abtropfgewicht)
1 EL Tomatenmark
schwarzer Pfeffer
1 TL Ras el Hanout (marokkanische Gewürzmischung)
150 ml Gemüsebrühe
1 EL Ketchup
2 Zweige Minze

1. Die Aubergine waschen und putzen, dann längs in ca. 1 cm dicke Scheiben schneiden, diese würfeln und salzen. Die Spitzpaprika längs halbieren und von Kernen und weißen Trennwänden befreien, dann waschen und in gut 1 cm große Stücke schneiden. Das Fleisch von Fett und Sehnen befreien, dann 2 cm groß würfeln.

2. 2 EL Olivenöl in einer Pfanne erhitzen. Die Auberginenwürfel darin bei großer Hitze unter Rühren ca. 2 Min. anbraten, die restlichen 2 EL Öl, die Lammwürfel sowie die Paprika dazugeben, alles unter Rühren ca. 3 Min. braten. Währendessen die Kichererbsen durch ein Sieb abgießen und mit kaltem Wasser abspülen. Das Tomatenmark in die Pfanne geben und kurz mitbraten.

3. Alles mit Salz, Pfeffer und ½ TL Ras el Hanout kräftig würzen. Gemüsebrühe, Ketchup und Kichererbsen dazugeben. Das Ragout aufkochen und noch ca. 4 Min. zugedeckt garen, bis die Auberginen weich sind und das Fleisch innen rosa ist.

4. Inzwischen die Minze waschen, trocken schütteln, abzupfen und fein hacken. Das Ragout nochmal mit Salz und dem restlichen Ras el Hanout abschmecken, dann mit Minze bestreut servieren.

Mein Genuss-Tipp

Wer kein Lamm mag, kann für dieses Rezept auch Roastbeef oder Hähnchen nehmen. Beim Hähnchen verlängert sich die Garzeit um ca. 6 Min..

SCHLEMMERFILET AUF RADIESCHEN UND KOHLRABI

ZUBEREITUNG: 30 MIN.

Für 2 Personen

1 Tomate
1 Bio-Limette
60 g kalte Butter
2 Seelachsfilets ohne Haut (à 150 g, oder Kabeljau, Rotbarsch, Zander)
2 TL Worcestershiresauce
Meersalz
schwarzer Pfeffer
Olivenöl für das Blech
2 TL Estragon-Senf
2–3 EL Semmelbrösel (oder Panko)
1 Kohlrabi
1 Bund Radieschen
2 EL bestes Olivenöl
Aceto balsamico

1. Den Ofen auf 190° vorheizen. Die Tomate waschen, halbieren und vom Strunk befreien. Dann in dünne Scheiben schneiden und etwas salzen. Die Limette heiß waschen und abtrocknen, die Schale fein abreiben und den Saft auspressen. Die Butter mit einem Messer in dünne Scheiben schneiden.

2. Die Fischfilets abtupfen, mit Worcestershiresauce, Limettenabrieb und -saft, etwas Salz und Pfeffer würzen und auf ein geöltes Backblech legen. Die Oberseite der Filets mit Senf einstreichen und die Tomatenscheiben darauflegen. Die Semmelbrösel daraufstreuen und mit den Butterscheiben bedecken. Dann die Filets im heißen Ofen (Mitte) in ca. 12–18 Min. goldbraun backen.

3. Inzwischen den Kohlrabi schälen und halbieren, die Radieschen waschen und putzen. Beides in dünne Scheiben schneiden oder hobeln und fächerförmig auf 2 Tellern verteilen. Olivenöl, Essig und etwas Salz darübergeben.

4. Wenn der Fisch oben braun und in der Mitte glasig ist, aus dem Ofen nehmen und auf das vorbereitete Gemüse setzen.

Da flippen alle aus!

LACHSFILET AUF PERLGRAUPEN-RISOTTO

ZUBEREITUNG: 40 MIN.

Für 2 Personen

1 Bio-Limette
2 Lachsfilets ohne Haut (à 170 g, oder Lachsforelle, Forelle, Saibling)
Meersalz
Zucker
geröstete, gemahlene Koriandersamen
schwarzer Pfeffer
3 EL Olivenöl
1 kleine Zwiebel
½ Knoblauchzehe
500 ml Gemüsebrühe
100 g Perlgraupen
½ g Safranfäden (immer Fäden einkaufen, das Pulver ist oft gestreckt)
2 EL geriebener Parmesan
1 EL Butter

Außerdem

1 kleine Auflaufform

1. Den Ofen auf 70° (Umluft) vorheizen. Die Limette heiß waschen, abtrocknen, die Schale fein abreiben und den Saft auspressen. Die Lachsfilets abtupfen und von allen Gräten befreien, dann mit Salz, einer Prise Zucker, gemahlenem Koriander und Limettenabrieb einreiben. Die Filets in eine kleine Auflaufform legen und 2 EL Olivenöl darübergeben, mit Klarsichtfolie abdecken. Die Auflaufform in den warmen Ofen (Mitte) schieben und die Filets in ca. 30 Min. glasig garen.

2. Inzwischen für das Risotto Zwiebel und Knoblauchzehe schälen und fein würfeln. Die Gemüsebrühe aufkochen und warmhalten. Den restlichen EL Olivenöl in einem Topf erhitzen, Zwiebel und Knoblauch darin glasig dünsten. Die Perlgraupen zugeben, leicht salzen und unter Rühren ca. 2 Min. mitdünsten. Dann ein Drittel der heißen Brühe zugießen und bei mittlerer Hitze unter Rühren einkochen, bis die Graupen die Flüssigkeit aufgenommen haben. Diesen Vorgang mit der restlichen Brühe zweimal wiederholen, sodass die Graupen ca. 25 Min. kochen. Ca. 5 Min. vor Ende der Garzeit den Safran untermischen.

3. Kurz vor dem Servieren den Käse und die Butter unter das Risotto mischen. Dann das Graupenrisotto mit Salz, Pfeffer, Koriander und einigen Spritzern Limettensaft abschmecken. Das Risotto mit dem Lachs servieren. Wer Lust hat, serviert dazu einen Salat aus Radieschen und gehackter Minze – top!

REZEPTREGISTER

Damit ihr Rezepte mit häufigen Zutaten schnell findet, sind diese ebenfalls eingeordnet und fett gedruckt – über den entsprechenden Rezepten.

DANKE DANKE DANKE

»Nie wieder ein Kochbuch!« – das war wohl nix. Danke fürs Überreden und das tolle Konzept an Hanne Schröder, Melanie Haizmann, Alessandra Redies und Sabine Sälzer und Danke an die wundervolle Fotografin Nicky Walsh. Ohne euch wäre das Buch nicht so geworden.
Meiner Frau Viola, die mich ohne Murren mein Buch schreiben lässt: Danke, dass du an meiner Seite bist. Meiner Managerin und Freundin Manuela Ferling, der mein volles Vertrauen seit fast einem Vierteljahrhundert gehört (ja, so lange rocken wir das schon zusammen!).
An mein Team im Schmidt Z&Ko, danke Anja Woest für deinen unermüdlichen Einsatz und danke Marcel Woest – du bist mir vor Ort eine echte »Bank«. Und natürlich an meine Familie, die in meinem Herzen ist, auch wenn ich seltener daheim bin.
Und natürlich Danke an die Leser dieses Buches: Danke fürs Kaufen und macht es euch lecker – nicht nur zum Feierabend! Euer Ralf

APPETIT AUF MEHR?

ISBN 978-3-8338-7304-1

ISBN 978-3-8338-7691-2

ISBN 978-3-8338-7082-8

ISBN 978-3-8338-6620-3

ISBN 978-3-8338-7950-0

ISBN 978-3-8338-6623-4

Alle hier vorgestellten Bücher sind auch als eBook erhältlich.

G|U

Mehr von GU auf **www.gu.de** und **facebook.com/gu.verlag**

QUALITÄTS G|U GARANTIE

LIEBE LESERINNEN UND LESER,

wir wollen Ihnen mit diesem Buch Informationen und Anregungen geben, um Ihnen das Leben zu erleichtern oder Sie zu inspirieren, Neues auszuprobieren. Wir achten bei der Erstellung unserer Bücher auf Aktualität und stellen höchste Ansprüche an Inhalt und Gestaltung. Alle Anleitungen und Rezepte werden von unseren Autoren, jeweils Experten auf ihren Gebieten, gewissenhaft erstellt und von unseren Redakteur*innen mit größter Sorgfalt ausgewählt und geprüft.

Haben wir Ihre Erwartungen erfüllt? Sind Sie mit diesem Buch und seinen Inhalten zufrieden? Wir freuen uns auf Ihre Rückmeldung. Und wir freuen uns, wenn Sie diesen Titel weiterempfehlen, in Ihrem Freundeskreis oder bei Ihrem Online-Kauf.

Sollten wir Ihre Erwartungen so gar nicht erfüllt haben, tauschen wir Ihnen Ihr Buch jederzeit gegen ein gleichwertiges zum gleichen oder ähnlichen Thema um.

KONTAKT ZUM LESERSERVICE

GRÄFE UND UNZER VERLAG
Grillparzerstraße 12
81675 München

GRÄFE UND UNZER

Ein Unternehmen der
GANSKE VERLAGSGRUPPE

IMPRESSUM

G|U

GU ist eine eingetragene Marke der GRÄFE UND UNZER VERLAG GmbH, www.gu.de
ISBN 978-3-8338-8890-8
2. Auflage 2023

Projektleitung: Alessandra Redies
Lektorat: Melanie Haizmann
Text-Input: Manuela Ferling
Korrektorat: Anne-Sophie Zähringer
Umschlaggestaltung und Layout: ki36 Editorial Design, München, Stefanie Reindl
Herstellung: Susanne Fuhrmann
Satz: Christopher Hammond
Repro: Longo AG, Bozen
Druck: aprinta GmbH, Wemding
Bindung: Conzella, Pfarrkirchen

Der Autor

»Kochen ist eigentlich was Simples – du musst halt das entsprechende Gefühl für die Verarbeitung von Lebensmitteln innehaben«, sagt Sternekoch, TV-Koch, Gastronom und Buchautor Ralf Zacherl. Das Gefühl hat er und zugleich auch ein Händchen dafür, aus wenigen und einfachen Zutaten köstlich Leckeres, frappierend Überraschendes zu fabrizieren. Dazu noch der eine oder andere Zacherl-Dreh – und lecker wird der Feierabend!

Bildnachweis:

alle Fotos: Nicky Walsh/ www.nickywalsh.eu
Syndication: www.seasons.agency

Umwelthinweis:

Nachhaltigkeit ist uns sehr wichtig. Der Rohstoff Papier ist in der Buchproduktion hierfür von entscheidender Bedeutung. Daher ist dieses Buch auf PEFC-zertifiziertem Papier gedruckt. PEFC garantiert, dass ökologische, soziale und ökonomische Aspekte in der Verarbeitungskette unabhängig überwacht werden und lückenlos nachvollziehbar sind.

Die GU-Homepage finden Sie unter www.gu.de